本书得到"中央高校基本科研业务费专项资金"资助（supported by "the Fundamental Research Funds for the Central Universities"）。

特别顾问◎裴广川

Crime Prevention

犯罪预防

[英]尼克·蒂利 ◎ 著
Nick Tilley

徐轶超 ◎ 译著

中国政法大学出版社
2024·北京

犯罪预防

Crime Prevention, First Edition
by Nick Tilley / ISBN: 9781843923947

Copyright © Nick Tilley 2009
All Rights Reserved

Authorised translation from the English language edition published by Routledge, a member of the Taylor & Francis Group.

本书英文原版由 Taylor & Francis 出版集团旗下 Routledge 出版公司出版，并经其授权翻译出版。版权所有，侵权必究。

China University of Political Science and Law Press is authorized to publish and distribute exclusively the Chinese (Simplified Characters) language edition. This edition is authorized for sale throughout Mainland of China. No part of the publication may be reproduced or distributed by any means, or stored in a database or retrieval system, without the prior written permission of the publisher.

本书中文简体翻译版授权由中国政法大学出版社独家出版并限在中国大陆地区销售。未经出版者书面许可，不得以任何方式复制或发行本书的任何部分。

Copies of this book sold without a Taylor & Francis sticker on the cover are unauthorized and illegal.

本书封面贴有 Taylor & Francis 出版集团防伪标签，无标签者不得销售。

北京市版权局著作权合同登记号：图字 01-2024-4288 号

序 言

中国政法大学教授 裴广川

徐轶超在英国读博士学位期间，翻译了尼克·蒂利的《犯罪预防》一书。在付梓印刷之际，嘱我作序，遂欣然命笔。这是因为这本书的内容与我一贯想法产生了强烈共鸣。

我一向主张法学需要理论，哪怕是抽象空洞的理论也为社会所需要。但与此同时，我们理论工作者也应倾听现实的呼声，才能有更多务实的理论著作问世。徐轶超译的这本学术著作虽篇幅不长，约15万余字，却开拓了犯罪预防学的新阶段。因此，我鼓励徐轶超将其翻译为中文出版。为了说明我阅读后的心得，特写"犯罪学的拓展作"一文代序。

一

尼克·蒂利所著《犯罪预防》的写作宗旨是在传统《犯罪学》的基础上，着重研究犯罪预防的方法策略和模式，并未着笔于犯罪的原因和社会根源。它是在传统犯罪学基础上为减少犯罪保证安全而形成的拓展之作。

自欧陆费尔巴哈的心理强制说形成犯罪学以来，已有200多年的历史。我国自新中国建立以来，也有多本《犯罪学》问世。其中，由北京大学出版社出版的康树华、张小虎主编的《犯罪学》、中国政法大学出版社出版的魏平雄主编的《犯罪学》、中国人民大学出版社出版的张远煌主编的《犯罪学》、高等教育出版社出版的王牧主编的《犯罪学》等，都是鸿篇巨制，在我国产生了广泛的影响。这些教科书互有短长，各有千秋，但共性明显。他们都以预防犯罪为研究对象，以心理强制说为原理，以刑罚作为方法手段，以个别预防与一般预防的逻辑关系形成各自逻辑结构并以此作为章节的结构基础，以相同的概念和语言形成犯罪学特有的语言风格。而徐轶超翻译的这本《犯罪预防》，本身就具备上述传统犯罪学的全部学科构成要素，并且纳入了一些欧美关于犯罪预防的新理论和技术。

二

徐轶超翻译的这本《犯罪预防》，着笔于普通犯罪学，落墨于犯罪预防。它的创新处正是引起我的共鸣之处。但我对此空有"栏杆拍遍，无人会，登临意"之感，写不出中肯的文字以完整表达出本书的创新之意。我见到此书译文，如获至宝，愿将我的心得与读者分享。

传统《犯罪学》的理论抽象而深刻，但本译著提出的理论具体而实用。这本译作向中国读者展示了英美在预防犯罪方面的多种具体理论，并做了深入的说明。传统《犯罪学》已在我国大学和司法机关培训机构普遍使用并普及多年，迫切需要务实创新，以服务于社会预防犯罪的需要。

"理论是抽象的"这个命题被全社会所公认，因为理论必须舍弃事物的具体特征，才能统括全局，从而发挥普遍的指导作用。具体的理论往往被列入实务的范围而忽略其理论价值。其实具体理论与抽象理论都是社会价值的载体，都是人类在社会生活中所需要的，只是适用的范围有宽窄之别。

在这本译著中，原作者突破了传统《犯罪学》将人分为犯罪人和非犯罪人的两分法，提出了第三种分法，即人人都可能犯罪，它主张人人都是犯罪预防人。对前者，作者引用了斯洛文尼亚一句法谚，"面对打开的保险箱，主教也会动心。"对后者，原作者列举了在生活中人们锁车、锁门、保存钱包、制造汽车的人装防盗锁等行为，都是在从事预防犯罪的活动。第三种分类的提出，在传统《犯罪学》的基础上为我们打开了新的眼界。这种一分为三的方法与中国本土哲学观念更加接近，更容易被我们所接受。

传统的《犯罪学》是国家提出宽严相济的刑事政策的理论基础，是刑法基本原则如罪刑法定、罪刑相适应等原则的理论基础。而徐轶超这本译著提出了以预防犯罪减少犯罪的尺度，不是有案必破，而是以预防的视角去预防和减少犯罪的产生。因为对预防犯罪率的过高的追求会以牺牲社会公平为代价，这会引起公众不满，甚至引起社会动乱。

传统的《犯罪学》对社会关系的分析是静态的，而徐轶超这本译著提出的是动态平衡。本书特别强调警察与社区共同确定预防犯罪的切入点和预防犯罪所必须明确的优先事项，这似乎与我国公安机关适时开展的专项斗争相一致。

传统《犯罪学》作为一种社会的意识形态，为预防、打击犯罪活动中的政治正确提供理论诠释；而徐轶超这本译著则是对预防、减少犯罪结果的诠释追溯到极致。作者对预防犯罪的理论进行了全面的归纳，对各种具体预防犯罪的理论和方法的利弊、得失、正负反应、正副效果，对预防犯罪的方案、执行过程中的问题一一进行了探讨。这些理论模式以及预防犯罪的方法，可能会帮助我们获得成功的喜悦，也可能是因失败而沮丧，又可能争论不一，但能让我们见到一片新视野是毋庸置疑的。

三

这本译著引入中国，可以为我们对犯罪预防的工作提供一个战略空间。这本译著的作者提出，技术的进步在推动增加社会福祉的同时也会创造犯罪机会。这种共生现象决定了社会发展规划必须与犯罪预防同步。作者例举二战之后，随着技术进步产生了大量体积小、价值高、既实用又时尚的商品，这刺激了盗窃案件大量发生；在英国汽车大发展时期，盗车猖獗；煤气在城市普及后，用煤气自杀的人数量骤增的现象。与此相对应，这也促进了商品加密措施的发展以及市场监管制度的变化；汽车柱锁的安装，使盗窃案件大幅减少；煤气有毒成分的降低，使煤气自杀案件大幅减少；在这里作者实际上提出了发展新技术的同时必须发展在客观上使犯罪不能发生的技术，造成对象不能之势的观点。但犯罪现象会发生迁移，盗窃新型汽车的发案率少了，但老旧汽车被盗案件增加，用煤气自杀的少了，用其他方式自杀的人增多了。因此，从犯罪预防出发，还要针对情境犯罪的预防提供足够的防范措施，使行为人从主观上放弃犯罪，形成主观不能之势。我们应该从人人可能犯罪、人人参与犯罪预防的视野，做好社会发展规划。这就是这本译著给我们最重要的启示。

综上所述，笔者认为徐轶超这本译著，是在传统《犯罪学》基础上的开拓之作。无论对在校学生，还是对司法工作人员，还是对政府决策人员都是一本值得借鉴的有益之作。在草就本文时，欣闻徐轶超今日被世界排名前十的伦敦大学学院正式授予博士学位，谨以代序之文为贺。

中国政法大学教授　裴广川

2022年3月27日于北京

前　言

　　当您在书店的角落偶遇这本书，或是在翻阅之后决心将它带回家中，不论是购买还是借阅，请毫不犹豫地遵循您的直觉。我衷心希望它能赢得您的青睐，为您带来宝贵的启发和思考。若您是出于学术研究的需要而选择它，我坚信这本书将成为您知识宝库中的财富。不论您的动机如何，以下是一些阅读此书的建议指南。

　　即便您未曾涉猎过此书的早期章节，也无需担心，这并不会影响您的新阅读体验。虽然书中会提及前章的部分内容，但我们会适时提供必要的解释，确保您的阅读顺畅无阻，同时收获新知。这本书的篇幅适中，不会耗费您过多的时间和精力。然而，第七章可能对一般读者来说稍显复杂，可能不会立即吸引非专业人士的兴趣。该章节深入探讨了犯罪预防策略的评估，涉及的专业性可能对缺乏相关背景知识的读者是个挑战。但请放心，在书的结尾，我们对现有的犯罪预防策略进行了全面的总结和阐释。综上所述，选择购买此书，您将不会有任何遗憾。

　　每一章节的终篇都附带有推荐深入阅读的材料。这些内容旨在丰富读者的学习体验，深化理解。这不仅是学习过程的一部分，它们还以多样化的形式呈现，包括资料探究、个人经验反思和观察实践等。我理解有些读者可能会选择略过这些部分，然而，若您能认真阅读这些终篇并仔细研究推荐资料，您对相关观点的理解将更加深刻。在与他人交流分享这些观点时，您将更能感受到这种深刻的理解带来的益处。

在本书的编纂过程中，尽管我们尽力确保内容的准确无误，但难免会存在一些疏漏和不足。然而我必须声明，此书是我倾注心血之作，或许也是我职业生涯中最后的一部专业著作，它蕴含了众多引人入胜的知识点，相信读者们能够从中获得丰厚的收获。我竭尽所能地分享了我对这一领域的见解，旨在为读者指引方向，避免迷失道路。至今，我对本书所呈现的内容感到非常自豪。同时，我也期待并相信他人能够在此基础上做得更好。若有幸，我将在未来的版本中对本书进行进一步的优化和提升。有时，热心的读者会以礼貌的方式给予我宝贵的建议，指出书中的错误；当然，也会有不那么友好的读者以更为直接甚至讽刺的方式指出我的失误。无论以何种形式，我都视之为成长和进步的契机。

我应该向那些曾帮助我完成这项工作的朋友和同事们致谢。

我是应出版商布莱恩·维兰的邀请撰写这本书的。我非常感谢他，即便是在截止日期快到了的时候，他仍然很有耐心的等待我完稿。

我必须向已故的卡尔·波普尔先生致敬。尽管自1994年起，他已不在人世，因此我失去了与他面对面交流的机会，但他的思想对我的学术旅程产生了深远的影响，甚至在这篇序言中也有所体现。波普尔先生提倡"渐进社会工程"的理念，这包括将我们从社会科学中汲取的知识应用于实践中，以努力减少特定的风险，并通过实验性的学习确保我们有效地规避潜在的危害。波普尔也是一位"错误主义者",他强调我们每个人都有犯错的可能性,而科学的重要任务之一就是通过批判性思维揭示并改正这些错误。同时,他也高度重视创造力,鼓励我们勇敢地提出大胆的想法。没有任何作品是完美的,即使是大师的杰作也可能存在瑕疵。在波普尔先生的启发下,我对预防犯罪的关注聚焦于努力减轻犯罪给社会带来的具体伤害。这本书是我怀着满腔诚意完成的,如果书中有所疏漏,我真诚地希望广大学者和读者能够不吝赐教,提出宝贵的批评和指正。

尽管本书中包含了一章关于犯罪预防评估的内容,但这并非全书的核心议题。我的合作伙伴雷·帕森与我一道,对该章节的书稿进行了反复的审阅和打磨,确保其与其他章节的内容相得益彰。我们经历了这个既艰难又必要的过程,旨在使这一部分内容更加精致和完善。

格洛丽亚·莱科克与我之间的合作已跨越了近20年的时光。在这段漫长的岁月里,我们不仅在各种合作项目中相互审慎地批判对方的工作和方法,还共同致力于教学事业。我从格洛丽亚那里汲取了无数宝贵的知识,这些无疑在本书中得到了体现。她不仅友好地通读了全稿,还在内容上指正了我的诸多错误,对此我深表感激。

我还要感谢一群同事和博士学生,他们帮助我在不同主题上进行审查和合作:乔蒂·贝尔(第二章),凯伦·布洛克(第六章、第七章),艾登·西德博特姆(第一章、第五章、第八章)以及吉尔·韦斯特索普(第一至五章、第八章)。我女儿爱丽丝与她的心理学家爱人凯思·威利斯(第三章)也为本书做出了贡献。为了尽可能地减少错误,我的妻子珍妮从头到尾把整个手稿看了两遍。

最后，经过 20 多年的犯罪预防实践，我从不同的从业人员、政策制定者和学者的谈话中学到了很多东西。他们包括：迈克·巴顿，凯特·鲍尔斯，史蒂夫·布鲁克斯，里克·布朗，凯伦·布洛克，约翰·布伦斯，西尔维娅·切尼，波林克莱尔，罗恩·克拉克，约翰·埃克，亚当·爱德华兹，保罗·埃克布洛姆，格雷厄姆，法雷尔，马库斯·费尔森，罗杰·马修斯，尼尔·汉密尔顿·史密斯，莎拉·霍奇金森，彼得·霍麦，罗斯·霍麦，马特·霍普金斯，迈克·霍夫，尚恩·约翰逊，斯图尔特·科比，约翰尼斯·克努特森，格洛丽亚·莱科克，凯特·佩因特，肯·皮斯，蒂姆·里德，杰基·施耐德，迈克·斯科特，韦斯·斯科甘，迈克·萨顿，麻吉·次罗尼，巴里·韦伯，贾尼斯·韦伯，汤姆·威廉森。

作为一个犯罪科学家，我一如既往地为我书中可能存在的谬误承担责任。我亲爱的读者朋友们，相信我，这本书一定会让你受益匪浅。

尼克·蒂利

目 录

序 言	001
前 言	006
第一章　导言：关于犯罪预防我们应该怎么办？	001
为什么犯罪预防需要理论支持？	002
我们应该如何理解"犯罪预防"一词？	006
关于本书的概要	007
犯罪预防的犯罪模式	009
本章总结	027
思考练习	028
进一步阅读	028
网页资讯	029
附注	030
第二章　刑事司法的措施和机制	031
直接犯罪预防机制	031

间接犯罪预防机制 ················· 050
　　犯罪预防所扮演的角色和责任 ········· 055
　　本章总结 ······················· 057
　　思考练习 ······················· 057
　　进一步阅读 ····················· 058

第三章　个体措施和机制 ············· 059
　　潜在的风险因素和减少犯罪的措施 ····· 060
　　干预风险因素的逻辑与干预目标 ······· 063
　　犯罪轨迹和转折点纵览 ············· 075
　　针对个体认知行为的治疗和干预 ······· 079
　　针对个体戒毒治疗和干预 ··········· 082
　　潜在道德和伦理问题 ··············· 086
　　本章总结 ······················· 088
　　思考练习 ······················· 088
　　进一步阅读 ····················· 089
　　附注 ·························· 090

第四章　社会层面的措施和方法论 ······· 091
　　居民社区中的犯罪预防工作 ·········· 096
　　本章总结 ······················· 113
　　思考练习 ······················· 114
　　进一步阅读 ····················· 114
　　附注 ·························· 115

第五章 情境措施和方法论 …… 116
历史背景 …… 116
定义 …… 119
理论 …… 120
与情境犯罪预防相关的理论 …… 135
方法/实践 …… 144
评估 …… 149
本章总结 …… 155
思考练习 …… 156
进一步阅读 …… 157
附注 …… 157

第六章 执 行 …… 159
犯罪预防的能力和责任 …… 160
本章总结 …… 183
思考练习 …… 184
进一步阅读 …… 185

第七章 评 估 …… 186
犯罪预防评估工作中面临的一般问题 …… 187
评估选择 …… 193
系统回顾 …… 206
行动研究 …… 209
经济评估 …… 210
本章总结 …… 213

思考练习 ………………………………………………… 214
　　进一步阅读 ……………………………………………… 214
　　附注 ……………………………………………………… 215

第八章　总结：为改善犯罪预防工作我们需要做些什么？ … 216
　　思考练习 ………………………………………………… 220
　　附件 A：诺曼（1946~2008）………………………… 220

参考文献 …………………………………………………… 226

后　记 ……………………………………………………… 248

图表清单

图

图 1.1 2006~2007 年英格兰和威尔士 372 个减少犯罪和混乱伙伴关系地区每 1000 人的犯罪率 ………… 011

图 1.2 2006~2007 年诺丁汉市按行政区分列的每 1000 人记录在案的入室盗窃率 ………… 012

图 1.3 2006~2007 年诺丁汉市 5 个最高入室盗窃率的行政区每 1000 人盗窃的人口普查输出面积变化 ………… 013

图 1.4 1999 年 10 月~2002 年 9 月诺丁汉市街头抢劫和盗窃的数量 ………… 015

图 1.5 1990 年 1 月~1991 年 12 月哈特尔浦以天为单位发生的重复入室盗窃数量 ………… 017

图 1.6 犯罪模式的变化 ………… 026

图 2.1 与美国波士顿枪支项目相关的青少年凶杀案受害者人数的变化 ………… 039

图 2.2 1998~2007 年英格兰和威尔士的个人和商业抢劫 ……… 040

图 2.3 打击和整合策略 ………… 052

图 3.1 处理许多潜在的、不多的实际惯犯/累犯 ………… 061

图 3.2 PPO 框架 ………… 063

图 3.3 犯罪标记和潜在原因 ·· 064
图 3.4 基于风险因素来减少犯罪的干预措施：真阳性、假阳性和假阴性 ·· 069
图 4.1 社会凝聚力增强圈 ·· 113
图 5.1 1958~1977 年英国的自杀趋势 ································ 118
图 5.2 埃克布洛姆的犯罪预防过程 ···································· 145
图 5.3 问题分析三角（PAT） ·· 146
图 7.1 坎贝尔合作组织回顾犯罪恐惧的调查结果 ···················· 207

表

表 1.1 2004~2005 年按国家和主要城市分列的年度十大犯罪总发案率 ·· 010
表 1.2 1990 年 1 月~1991 年 12 月哈特尔浦记录的商业入室盗窃重复模式 ·· 017
表 1.3 2006~2007 年英国犯罪调查家庭入室盗窃案高发的家庭类型 ·· 019
表 1.4 2006~2007 年英国对家庭入室盗窃被盗物品类型的调查结果 ·· 022
表 2.1 压制类型：内容、机制和结果 ································ 042
表 2.2 中断机制的类型 ·· 047
表 3.1 男性和女性青少年持续犯罪的危险因素 ···················· 065
表 3.2 风险因素和犯罪模式 ·· 067
表 3.3 英国针对潜在家庭风险因素开展的评估方案 ·············· 073
表 3.4 英格兰和威尔士被捕者的药物测试结果 ···················· 083
表 5.1 伦敦的有转向柱锁和机动车盗窃案 ························· 121
表 5.2 临时使用盗窃车辆快速驾驶以享受刺激的犯罪脚本 ······ 127

表 5.3 12 种情境犯罪预防技术 …………………………… 127

表 5.4 25 种情境犯罪预防技术 …………………………… 129

表 5.5 系统再设计和机动车犯罪 …………………………… 148

表 6.1 犯罪预防责任和能力的主要模式 …………………… 161

表 6.2 柯克霍尔特及其预期的复制品 ……………………… 174

表 6.3 西约克郡基林贝克主流化模式 ……………………… 176

表 6.4 反复实施失败的系统性来源 ………………………… 182

表 7.1 对内部有效性的威胁 ………………………………… 190

表 7.2 对外部有效性的威胁 ………………………………… 192

表 7.3 关于相对低伤害家庭暴力强制逮捕的现实主义假设 …… 205

表 7.4 使用符合现实主义的方法处理停车设施中的盗窃和停车的样本调查结果 ……………………………………… 208

第一章
导言：关于犯罪预防我们应该怎么办？

本书系统地阐述了犯罪预防的方法论，旨在为学生、从业人员、政策制定者以及广大感兴趣的读者提供全面的指导。深入阅读本书后，广大读者将能够对犯罪预防的专业知识有一个全面的认识，这些知识将为您未来的工作与学习提供有力的支持。他们将通过本书学会对各种情境进行批判性和建设性的思考，从而更有效地将理论应用于实践。同时，从业者和政策制定者将能够掌握犯罪预防的主要策略，深入思考如何在政策制定与实践过程中因地制宜地运用这些方法，以应对当前及未来可能出现的犯罪问题。对于一般读者而言，他们可能会带着对犯罪原因和预防措施的好奇心来阅读本书，我希望他们能够在书页中找到答案，并培养独立思考的能力。

本书与其他探讨犯罪预防的著作不同，它从政治学和犯罪社会学的视角出发，探讨犯罪发生的根源以及特定政策和实践的选择。我们审视了在这些领域中是否存在其他解决预防犯罪问题的途径，并整理了一份"有效方法"清单，收录了目前公认且经过历史验证的研究成果，全方位展示了犯罪预防领域的努力。此外，书中还引入了一系列专业术语，用以描述犯罪预防的政策与实践，对政治学和社会学感兴趣的读者可以参考休斯（2007）和科赫（1998）关于最有效方法的论述，以及谢尔曼（1997）和佩里（2006）对犯罪预防的解释。关于政策与实践的深入探讨，可参见休斯等人（2002）和蒂利（2005）的学术作品。我撰写此书的初衷是坚信学生、政策制定者和从业人员都需要深入思考犯罪预防的策略与方法。对于广大读者来说，本书也能提供一个全面了解犯罪预防的机会。我期望所有读者都能从中获得启发，制定出更加符合伦理道德的政策与方法，同时学生也能充分利用犯罪理论进行深入学习。本书致力于评估、批评、解释和应用犯罪预防理论，帮助读者全面理解相关内容。本书的目标是提供一个全面的犯罪预防视角，并尽可能详尽地呈现细节，以指导实践。正如库尔特·勒温（1951：169）所言：" 一个好的理论能为实践提供更好的帮助。"这正是我接下来将要展开的内容。

为什么犯罪预防需要理论支持？

关于这个问题的回答可分为三个方面：第一个原因在于理论是不可或缺的。我们的每一步行动都建立在对世界的假设和预期之上，这些假设关乎于世界如何运作以及他人将如何行为。这些就是我们赖以生存的"民间理论"。以银行、电信、警务、地方政府和大学等机构为例，所有这些功能都是通过假设每个人和使用它们的人来赋予效力。我们在理论的指导下行动以获得成效。我们基于假设赋予钞票价值，并用它来交换所需的商品和服务。我们携带银行卡，通过银行系统在商店消费，这一行为背后也隐含着假设。在尝试犯罪预防时，我们也采纳了一些假设，这些假设可能并不现实，或许不够实用，有时甚至不能带来预期效果，但正如我们在日常生活中所经历的那样，有些事情我们现在可能不会去做，但将来可能会考虑。银行业务系统同样如此，它并不总是按照预期运行，其所依赖的理论也不是固定不变的，也不总是绝对正确的。犯罪预防理论亦是如此，由于我们在理论应用上可能犯错，因此需要对理论进行测试和批判，这样才能更深入地理解并改进犯罪预防的理论。

第二个原因在于犯罪预防理论既变化多端又极具影响力，正是这种特性使得它们能够为犯罪预防工作提供有力有效的支撑。在稳定不变的条件下，我们可以明确"何为有效"，并将其应用于合理的预期中，即那些在特定地点和特定时间点能够起到预防作用的因素，在其他情况下也可能产生相似的效果。然而，在众多犯罪问题面前，情况往往更为复杂。新的动机、新的机会、新的手段以及新的犯罪类型的出现，都意味着犯罪问题极易随着地点和时间的不同而发生变化。即使是同类型的犯罪，其手段和动机也可能存在显著差异，这源于犯罪策划者之间的个体差异。此外，随着时间推移，犯罪者和受害者也在不断地变化，这既带来了新的犯罪可能性，也创造了新的预防机会。在本书的后续内容中，我们将深入探讨犯罪的多样性以及它在犯罪预防中的重要性。政策制定者和从业者在经过充分测试和精心构建的理论指导下，能够在不熟悉的环境中有针对性地制定出预防效果良好的政策，并获得关于如何施行的深刻洞见。

第三个原因关乎于犯罪预防政策与实践的利益考量。本书基于一个假设前提，即犯罪是一个值得关注但可努力避免的问题。犯罪，按照其定义是一种非法行为，而防止侵犯他人的行为不仅限于人类社会，在自然界的进化历程中同样普遍存在。

在社会生活中，始终有一套期望值在塑造着人们的行为准则，当某些个体的行为偏离这些标准时，我们应对此进行深入探讨。因此，犯罪预防因其固有的价值而被视为一项具有重大社会意义的行为。然而，所有犯罪预防的方法都要求学生们深入理解相关的规范问题，决策者和实践者必须认识到并考虑到相关的背景因素。同时，政府高层，如克拉珀姆街的政客们，也应当审慎考虑政府或其他机构在犯罪预防方面应扮演的角色和采取的措施。

在深入探讨犯罪预防理论时，本书将重点考察那些促成预防效果的具体机制、实施手段以及这些预防过程所需的环境背景。在剖析这些机制的同时，我们将对各种干预措施进行详尽讨论，并分析由此引发的变化和影响。

"汽车项目"在20世纪80年代末至90年代初风靡一时，尽管各个"汽车项目"在具体实施细节上存在差异。在那时，许多人因为盗窃机动车而被判缓刑（马丁和韦斯特，1994）。这些"汽车项目"的宗旨在于预防一系列针对汽车的犯罪行为。这些项目有效地对那些涉及机动车犯罪的犯罪分子进行了教育和惩戒。以下是一些可能的机制，值得我们深入探讨：

- 这些"汽车项目"为那些热爱驾驶但可能倾向于窃车的人提供了一个合法的渠道，满足了他们对驾驶的渴望，避免了他们走向犯罪；
- "汽车项目"为那些驾驶非法车辆（如未缴道路税或保险）的个人提供了合法的驾驶机会，从而避免了因违法行为而受到惩罚；
- 通过与成年非犯罪者担任的导师建立联系，使参与"汽

车项目"的个体不想因犯罪而令导师失望,这种责任感起到了阻止犯罪的作用;

- "汽车项目"提供了犯罪者在闲暇时可以参与的活动,这样他们就没有多余的时间和精力去提升犯罪技能或持续对犯罪的兴趣;
- "汽车项目"使人们重新考虑偷车的后果使犯罪者们不再偷车。这些后果可能包括对犯罪者本人的后果,例如犯罪记录;也可能包括对其他人的后果,如被盗车辆的驾驶者技术不熟练给行人带来危险;
- "汽车项目"形成了一种威慑效应,使得那些可能面临法庭审判的人在未来选择远离犯罪道路。

犯罪预防措施有时可能出乎意料地产生反效果,无意中助长了犯罪行为。这为我们重新审视"汽车项目"提供了另一个角度:

- "汽车项目"可能在不经意间营造了一种轻松愉快的氛围,使得参与者有机会学习如何规避法律制裁的技巧。
- "汽车项目"可能将众多经验丰富的犯罪者聚集在一起,他们相互交流学习,使得这些参与者在实施犯罪时变得更加熟练和高效。
- "汽车项目"可能为犯罪行为提供了社会团体支持,成员间为彼此的犯罪行为找到了合理的借口。
- "汽车项目"可能促成了同伴团体的形成,成员在参与项目时共同协作,建立了信任,这种团队精神可能在未来转化为更高效的犯罪合作。
- "汽车项目"可能激发了人们对汽车的强烈兴趣,增强了参与者驾驶汽车的欲望,对于那些无法通过合法途径满足这一愿望的人来说，这可能导致他们诉诸窃车等犯罪行为。

当然，参与者可能会激活一个或多个犯罪预防机制，但这些机制的有效性将极大地依赖于参与者的特性、项目的内容及其执行方式。在每一个具体项目中，结果都是介入策略与激活机制之间复杂互动的产物，其中一些可能有助于预防犯罪，而另一些则可能意外地助长犯罪行为。

犯罪预防工作需要能够辨识并分析主要的预防机制及其触发的条件。在处理现有及潜在犯罪问题时，决策者和从业人员必须深刻理解预期效果与非预期效果的模式，以便作出明智决策。若公众对犯罪预防措施有了更深刻的认识，他们可能会提出多样的需求，以及潜在的反对行为或情绪。在这种情况下，公众可能会拒绝或抵制那些可能无意中促进犯罪发生的提案。学生、政策制定者、从业人员以及公众都应认识到犯罪预防的多维度价值观念。鉴于所有犯罪预防措施都可能面临伦理道德的挑战，我们必须在利弊之间进行权衡，并在实施具体策略时努力减少可能导致不公平、不道德和社会分裂风险的情况，以期实现更加有效和公正的结果。

我们应该如何理解"犯罪预防"一词？

这本书虽以《犯罪预防》为名，但其所探讨的内容并不仅限于这一术语所涵盖的范畴。"减少犯罪"与"社区安全"也是在不同时空背景下被广泛用来描述相似议题的术语，它们不仅涉及犯罪本身，还包括对犯罪的恐惧以及那些对个人和财产安全构成威胁的因素。值得注意的是，本书的核心焦点将牢牢锁定在犯罪预防这一领域。在英国，犯罪预防往往与警察的工作紧密相关，涉及采用警察推荐的安全措施和社区监督计划。传统上，担任犯罪预防官员的专业警察需要接受由英国内政部资助的岗前培训，才能在犯罪预防中心提供服务。[1]然而，本书所提出的预防概念更为广泛，它涵盖了一种更为全面的避免犯罪的方法，而警察在工作中可能只掌握了其中的一部分技能。本书的原名是《防止犯罪，促进安全》，但最终以《犯罪预防》命名，这主要是因为它的简洁性、广泛认知度以及作为通用名词的广泛含义。这样的标题不仅便于读者快速把握这本书的核心主题，同时也体现了犯罪预防作为一项社会公共事务的普遍性和重要性。

关于本书的概要

犯罪预防领域面临着两个核心问题。首先，是关于犯罪预防工作的焦点定位：我们应该在哪些方面着手预防犯罪，以及哪些地点能够带来最大的预防效益？其次，是如何应对确定的犯罪预防需求或优先事项？哪些措施或方法最为有效，以及我们如何以道德和有效的方式处理这些问题？在本章的后续内容中，我们将简要介绍几种主要的犯罪模式，并探讨这些模式如何为犯罪预防决策提供指导。接下来的四章将详细概述并讨论预防犯罪的主要方法，包括它们的机制、背景和结果，以及在使用这些方法时遇到的道德问题。在第二章，我们审视了与刑事司法系统相关的方法；第三章聚焦于解决个人犯罪问题的方法；第四章则探讨了针对犯罪行为社会根源的预防策略；第五章重点介绍了减少犯罪机会的方法。

在第六章、第七章和第八章中，我们将不再探讨不同的犯罪预防方法，而是转向讨论实施犯罪预防倡议时遇到的长期问题。这对于政策制定者和实践者来说至关重要，因为预防工作的许多失败可能源于执行不力，而对成功实施条件的理解将有助于加强现有的预防措施。目前，越来越多的研究试图解释为何许多正在实施的措施未能达到预期效果。学生若要准确理解犯罪预防措施及其结果，需要对这一过程中的每个环节都有所了解。普通读者可能会认为实施工作有些枯燥，但对实施犯罪预防计划所面临的挑战有更深入的理解，将有助于设定更为现实的目标，并对可能实现的结果持有合理的期望。

在第七章中，我们深入探讨了犯罪预防评估的重要性。前述章节已经明确指出，我们对犯罪预防工作在何种方式、针对哪些群体、在何种情境下能够发挥效用的理解仍然有限。在方法、理论和研究之间的比较上，存在着显著的争议和分歧。本章旨在审视我们需要何种类型的评估工作来完善犯罪预防计划中的理论框架，这是提升政策和实践效果的关键。至关重要的是，政策制定者和从业人员在签订合同时，应具备对评估方法论的基本理解，以免被特定评估研究的表面现象所误导。学生若要顺利地掌握评估方面的知识，就必须建立坚实的基础。否则，他们可能会在这一领域遇到理解上的难题。通过掌握评估的基本原理，学生将能够更好地分析犯罪预防措施的有效性，并为未来的政策制定和实践提供有力的支持。

在本书的结尾章节，我们将对全书内容进行精炼回顾，并概括前几章的核心主题。在余下的部分，我们将重点探讨主要的犯罪模式，并探讨哪些犯罪预防干预措施可能带来最大的效益。这些措施被形象地喻为犯罪预防的"引擎"，但要保持其顺畅运转，它们需要适当的"润滑剂"（法雷尔和皮斯，1993；霍夫和蒂利，1998）。延续这个比喻，讨论方法的章节向我们展示了不同类型的"润滑剂"，而实施方法的章节则阐述了如何应用这些"润滑剂"。至于评估的章节，它则指导我们理解不同的"引擎"需要何种特定的"润滑剂"，以确保犯罪预防工作的效率和效果。通过这样的框架，我们能够更深刻地理解如何优化犯罪预防策略，以实现社会安全的长远目标。

犯罪预防的犯罪模式

犯罪行为表现出显著的规律性，它并非随机发生。若非如此，指导犯罪预防工作将变得极为艰难。在接下来的内容中，我们将简要概述在空间、时间、受害者、犯罪目标以及犯罪者等方面所识别出的犯罪模式。对于每个案例，我们都会提供概要性描述，并辅以数据来具体阐释。对于那些希望深入了解国家犯罪模式的读者，我们建议访问国际和国家统计网站以获取详细信息。而那些对英格兰和威尔士地区感兴趣的读者，英国内政部的官方网站提供了丰富的数据资源，可供下载和使用。这些资源将为研究者提供宝贵的视角，帮助他们进一步理解犯罪模式的复杂性和多样性。

空间模式

从地理学的视角来看，犯罪模式在各个层面上往往呈现出明显的区域集中性，不同地区的犯罪程度也呈现出差异性。在英国，城市地区的犯罪率普遍较高，这与其庞大的人口基数相关，因为潜在的犯罪动机也随之增多。城市环境中包含了多样的犯罪目标，且对于潜在的犯罪者而言匿名性较高，这为犯罪行为提供了便利条件，使得犯罪者在作案时更不易被发现或干扰。

表1.1揭示了10个国家的10个主要城市的犯罪率情况。从表中可以明显观察到，几乎所有的大型城市的犯罪率均超过了各自国家的平均水平。值得注意的是，悉尼的犯罪率与全国平均水平相差无几，这一现象可能与澳大利亚辽阔的地理面积和较低的人口密度密切相关。

表1.1 2004~2005年按国家和主要城市分列的年度十大犯罪总发案率

国家	首都/大城市	国家犯罪率	城市犯罪率
澳大利亚	悉尼	16.3	15.9
比利时	布鲁塞尔	17.7	20.2
英国	伦敦	21.8	32.0
法国	巴黎	12.0	17.8
匈牙利	布达佩斯	10.0	12.6
爱尔兰	都柏林	21.9	25.7
意大利	罗马	12.6	16.6
西班牙	马德里	9.1	13.7
瑞典	斯德哥尔摩	16.1	22.6
美国	纽约	17.5	23.3

注：数据取自范戴克等人（2007），基于2004年或2005年的《国际犯罪受害调查》。这十大犯罪类型包括盗窃汽车、从汽车中盗窃物品、破坏汽车、盗窃摩托车、盗窃自行车、入室盗窃、入室盗窃未遂、抢劫、盗窃个人财产、对妇女的性犯罪以及殴打和威胁。

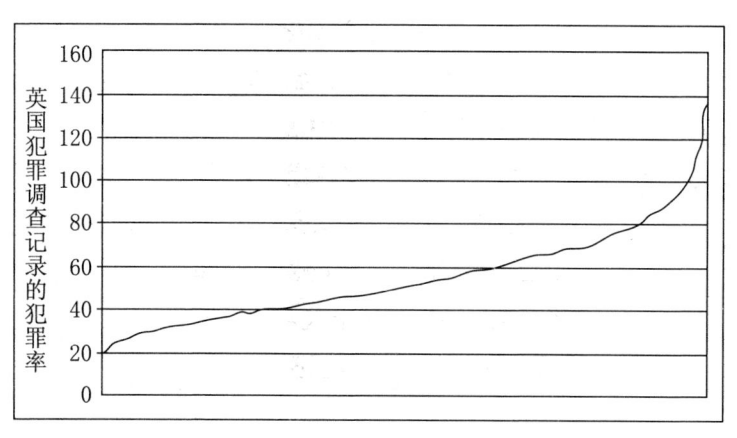

图 1.1　2006~2007 年英格兰和威尔士 372 个减少犯罪和混乱伙伴关系地区每 1000 人的犯罪率

注：比较犯罪包括与暴力侵害人身、性犯罪、抢劫、家庭入室盗窃、盗窃机动车、干扰机动车有关的犯罪。

图 1.1 展示了 2006~2007 年期间，英格兰和威尔士 372 个地方当局记录的犯罪率变动趋势，这些数据亦在英国犯罪调查（BCS）报告中得到了体现。[2] 在所研究的地区中，诺丁汉的犯罪率位居首位，每 1000 名居民中就有高达 138 人涉及犯罪，这一数字令人震惊，充分揭示了城市间犯罪分布的不均衡。相对而言，提斯代尔地区的犯罪率最低，每 1000 名居民中仅有 17 人犯罪。全国范围内的平均犯罪率为每 1000 人中有 61 人犯罪。在英格兰和威尔士，犯罪率最高的地区其犯罪总数竟然占到了全国的 1/4，这一数据进一步突显了地区间犯罪率的显著差异。

在地方当局的内部，犯罪水平的差异同样显著，往往呈现出在某些特定行政区集中的趋势。图 1.2 展示了 2006~2007 年期间，诺丁汉市内各行政区发生的家庭入室盗窃案件数量，这些行政区的平均人口约为 14 000 人。此外，该图还对比了全国犯罪率与整个诺丁汉地区的犯罪率。[3] 观察图表可以明显看出，诺丁汉各行政区的犯罪率几乎是全国平均水平的一倍，而犯罪率最高的行政区与最低的行政区之间的比例达到了 3∶1。图 1.3 进一步揭示了各行政区内犯罪的街区集中现象，整体犯罪率表现为每 1000 名居民中有 25 人犯罪。这里所提到的"超级输出区"平均人口约为 1500 人，这些数据清晰地描绘了犯罪在更细粒度的地理区域内的分布情况。

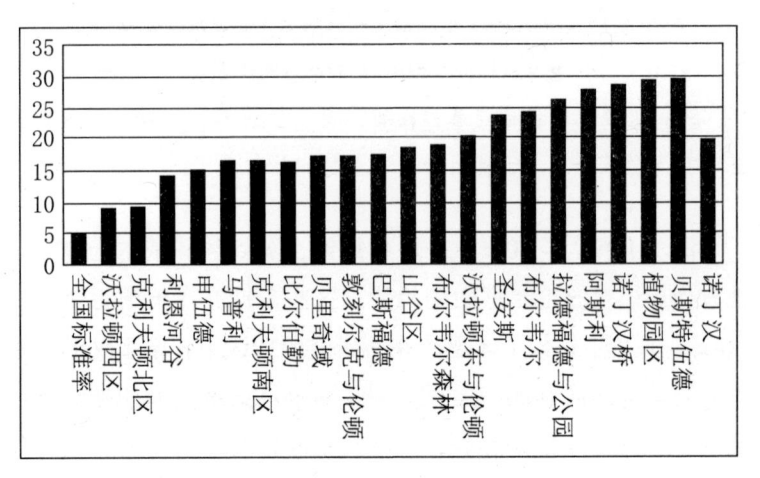

图 1.2　2006~2007 年诺丁汉市按行政区分列的每 1000 人记录在案的入室盗窃率

来源：诺丁汉行政区数据根据当地市议会数据计算。详情见：http://www.nomadplus.org.uk/newreportsxml.asp?report=Policing%20and%20Public%20Saffety&sub=，最后访问时间：2024 年 2 月 26 日。

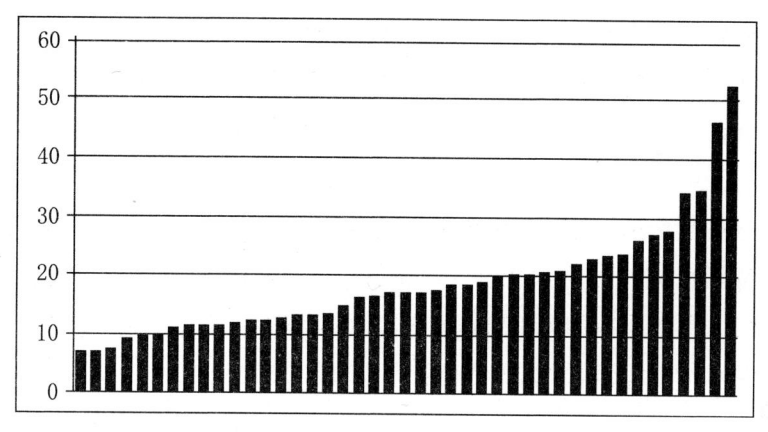

**图 1.3　2006~2007 年诺丁汉市 5 个最高入室盗窃率的行政区
每 1000 人盗窃的人口普查输出面积变化**

来源：http://www.nomadplus.org.uk/stats.asp，最后访问时间：2024 年 2 月 26 日。

在微观尺度上，犯罪事件同样呈现出在特定地点和目标上的集中趋势。在后续内容中，我们将深入探讨个人重复受害的现象。就家庭入室盗窃而言，研究表明，财产被盗的高风险有可能向邻近区域扩散，尽管这种风险随着距离的增加而逐渐减弱（参见鲍尔斯和约翰逊，2005；约翰逊等人，2005；约翰逊和鲍尔斯，2007）。因此，根据地点和时间的不同，入室盗窃可能会呈现出多种犯罪模式。这一发现意味着入室盗窃的风险具有一定的可预测性，这对于合理分配犯罪预防资源和工作至关重要。

尽管我们能够识别犯罪在地理上的集中模式，但我们必须进一步挖掘其深层原因。这是因为犯罪在一个地理层面的分布模式并不一定能直接揭示其在另一个层面上的分布规律。当我们尝试绘制城市犯罪地图时，常会发现犯罪活动倾向于集中在城市的中心地带。在社区层面，经济条件较差的区域往往展现出更高的犯罪率。然而，这并不暗示贫困居民相对于富裕居民面临更大的犯罪风险。实际上，居住在贫困地区的富裕居民可能比当地贫困居民更易成为犯罪的目标（参见鲍尔斯等人，2005；泽洛尼等人，2002）。这一现象不难理解，因为富裕居民拥有更多值得盗窃的财产。城市中心和经济欠发达地区的犯罪集中现象，都可以归因于潜在的犯罪者更容易接近那些更具吸引力的犯罪目标，从而创造了更多的犯罪机会。

时间模式

犯罪在时间和空间上的分布呈现出明显的差异性，随着一天、一周乃至一年的变化而变化。例如，割草机在春季常成为盗窃目标，儿童自行车在圣诞节前后容易被盗，青年人聚集的混乱场面往往在万圣节前后出现，与酒精相关的暴力事件则多发生在深夜，而商店盗窃案件则常见于午餐时间。在炎热的天气里，由于门窗常开，入室盗窃事件也随之增加。凌晨4点至中午12点之间，犯罪发生的可能性相对较低。不同的地区因当地特定情况的不同，也会呈现出独特的犯罪模式。例如，在大学城，年终举行庆祝活动是一项传统，但也常常伴随着饮酒、扰乱秩序和轻微破坏等犯罪行为。

犯罪时间模式的形成受多种因素影响：赃物的供需关系（如割草机被盗的情况）、季节性事件（如圣诞节和万圣节）、每周的休闲活动模式（如周末饮酒）、工作模式（如午餐时间商店员工较少）、天气条件（如因高温而开窗导致的入室盗窃），以及人们的睡眠模式（一些犯罪分子偏好在大多数人熟睡时作案）。

以诺丁汉市为例，图1.4展示了1999年10月起3年内，60岁以下和60岁以上人群在街头抢劫和盗窃犯罪中的时间模式。数据清晰地表明，清晨时段犯罪者和受害者的出现频率都较低。在白天，年长人群更容易成为受害者；而到了晚上，年轻人受害的比例上升，这可能是因为在夜间，作案目标中年轻人的比例相对增加，而年长者则相对减少。

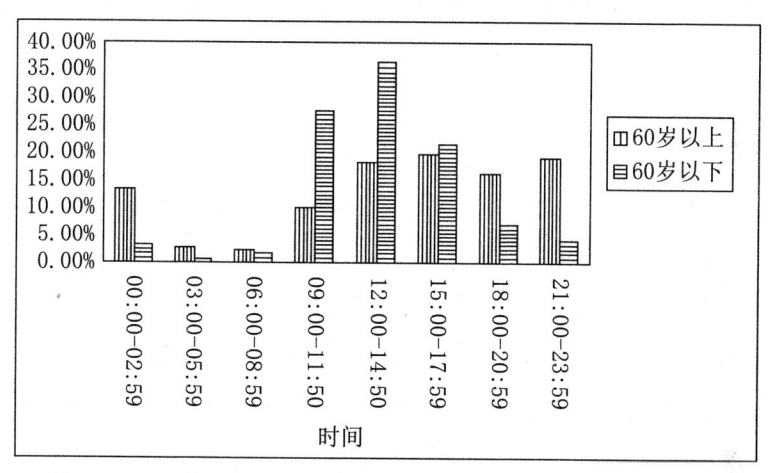

图1.4　1999年10月~2002年9月诺丁汉市街头抢劫和盗窃的数量
来源：诺丁汉市犯罪数据记录。

受害模式

在各种犯罪类型中，一个显著的现象是，曾经遭受过犯罪侵害的人在未来遭受侵害的风险相对较高。如果一个人已经遭遇过两次犯罪侵害，那么他们第三次遭受攻击的可能性将进一步上升。这种风险似乎随着受害次数的增加而逐步加剧。此外，犯罪发生后的一段时间内，受害者再次遭受侵害的可能性达到峰值，随后这种风险才会逐渐降低。

这种受害模式的普遍性跨越了财产犯罪和个人攻击犯罪。它影响的范围广泛，包括个人、家庭和企业；涉及大规模犯罪和轻微犯罪；无论是在农村地区还是城市地区；以及所有进行相关研究的国家。这一现象强调了犯罪受害经历对个体未来安全状况的潜在影响。

表1.2揭示了英格兰东北部哈特尔浦地区商业入室盗窃的重复模式。该研究基于1990年1月至1991年12月期间的数据，对每一起商业入室盗窃案件的发生地进行了为期12个月的跟踪调查，以评估这些地点未来遭受犯罪侵害的可能性。结果显示，在1125家调查企业中，有22%的企业至少经历过一次商业入室盗窃。在这些至少遭受过一次盗窃的企业中，又有40%的企业经历了至少一次以上的盗窃事件，呈现出犯罪风险随着事件次数增加而上升的趋势。图1.5展示了哈特尔浦地区重复犯罪事件随时间发展的过程，将可能再次发生犯罪的一年划分为五个等时间段。与许多其他地区观察到的模式相似，犯罪风险在初次犯罪后随着时间的流逝而逐渐降低。

根据这一规律，如果我们希望预测某一类型的犯罪最可能在何处以及何时再次发生，那么最有效的方法是关注那些在经历犯罪后的几天或几周内再次成为受害者的人。然而，这种方法并不能保证我们能够准确预测特定犯罪在特定时间和地点发生的概率。以一个地方在给定年份内有1/20的概率发生入室盗窃为例，如果假设在入室盗窃发生后的一周内，该地发生盗窃的概率增加了10倍，那么在两年内，该地遭受盗窃的概率将上升至1/2。但是，在一年中1/2的概率等同于在一周内1/100的概率。在那一周内，那些未曾经历过入室盗窃的人面临的入室盗窃风险大约是 1/1000。这一分析强调了在评估犯罪风险时，时间和频率的重要性。

表1.2 1990年1月~1991年12月哈特尔浦记录的商业入室盗窃重复模式

所有商业不动产房屋	1125	100%
发生一个以上入室盗窃案件	250	22%
发生两个以上入室盗窃案件	97	40%
发生三个以上入室盗窃案件	47	48%
发生四个以上入室盗窃案件	27	57%
发生五个以上入室盗窃案件	17	63%

注：来自蒂利（1993c）的数据。

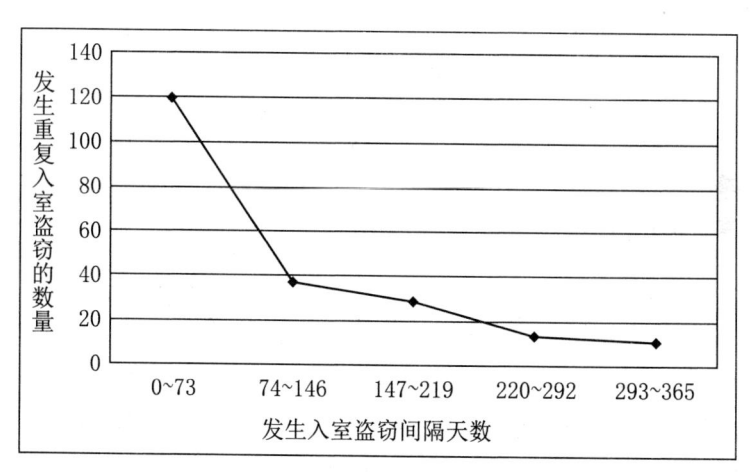

图1.5 1990年1月~1991年12月哈特尔浦以天为单位发生的重复入室盗窃数量

注：来自蒂利（1993c）的数据。

重复受害模式的形成主要基于两种机制。首先，犯罪事件本身可能会提升随后遭受犯罪的风险；其次，那些频繁成为受害者的人可能具备某些特征，使他们成为犯罪分子易于锁定的目标。

　　一种犯罪行为可能以多种方式导致另一种犯罪的发生：之前的犯罪者可能会再次返回现场取走初次作案时未能带走的物品，由于犯罪者熟悉在这里用何种犯罪手法来实施犯罪和如何逃避惩罚，因此犯罪者可能会倾向于重复侵犯同一目标；他们可能会将犯罪机会告知其他潜在的犯罪者；犯罪行为可能导致财产安全性降低，从而吸引更多的犯罪活动；某些犯罪可能因其内在的奖励机制而促使犯罪者重复作案（例如，家庭暴力案件）；或者，犯罪可能引发报复行为，造成双方相互攻击。

　　显然，不同个体遭受犯罪的风险存在显著差异。多种因素可能导致某些人的受害风险远高于其他人（包括个人特征、行为或居住环境）。例如，年轻人（尤其是那些合租房屋、男性、单身、失业、居住在城市贫困地区的人）相较于年长者（拥有自有住房、女性、有稳定收入、已婚、居住在农村地区的人）面临更高的受害风险。在风险较高的群体中，个体的生活方式差异可能导致脆弱性程度不同，进而显著增加受害的可能性。以家庭入室盗窃为例，生活方式的不同方面可能包括：居住在犯罪高发区域、忽视安全问题、拥有犯罪分子感兴趣的物品、场所对犯罪分子具有吸引力、房屋在可预测的时间内无人居住等。因此，我们预计不仅会有更多人因为生活在风险环境中而遭受犯罪，而且其中一些人可能会反复成为犯罪的受害者。这一分析强调了犯罪预防工作中，识别高风险群体和针对性干预措施的重要性。

表1.3 2006~2007年英国犯罪调查家庭入室盗窃案高发的家庭类型

	所有入室盗窃	进入[1]	尝试[2]	未加权基数
	%一个或更多受害者			
业主年龄				
16~24	6.7	4.0	2.9	1604
25~34	3.7	2.0	1.8	6021
35~44	2.8	1.6	1.2	9463
45~54	2.9	1.7	1.3	8953
家庭类型				
60岁以下的户主				
单身成年人和儿童（一个或多个）	5.5	3.3	2.5	2422
成年人和儿童（一个或多个）	2.6	1.5	1.2	10 391
没有子女	3.1	1.8	1.4	17 595
业主的收入				
少于10000英镑	3.4	2.1	1.4	8095
占有				
社会租客	4.1	2.4	1.9	7883
私人租客	3.9	2.3	1.8	5463
业主就业状态				
无业	6.0	3.2	3.3	500
不从事经济活动	2.5	1.6	1.0	17 955
学生	6.4	4.7	1.9	403

1. "进入"是指无论是否有东西被盗，都有人进入房屋的情况。
2. "尝试"是指有明确证据表明有人试图进入但没有成功的情况。

来源：改编自尼古拉斯等人（2007：89）。

续表

	所有入室盗窃	进入	尝试	未加权基数
	%一个或更多受害者			
照顾家人/看家	5.4	3.3	2.2	1793
长期/暂时生病	5.1	2.8	2.4	2186
其他	4.4	3.2	1.6	451
业主职业				
从未就业和长期无业	3.4	2.3	1.2	1063
全日制学生	5.1	3.1	2.1	740
没有被分类	4.7	2.1	2.8	523
住宿类型				
联排别墅	3.1	1.9	1.4	12 294
公寓或小套房	3.2	1.8	1.6	5186
其他	3.9	3.3	0.6	232
区域类型				
城市	2.8	1.7	1.2	35 407
住址年限				
少于一年	4.6	2.6	2.2	4579
大于一年，少于两年	3.2	1.9	1.4	2962
物理混乱程度				
高	5.1	3.2	2.1	2572
家中安全程度				
无	22.5	16.4	6.9	181
所有家庭	2.5	1.5	1.1	47 027

根据英国犯罪调查的结果，表1.3显示了高于全国家庭入

室盗窃风险的房屋特征。

有可能的是,高比率的重复受害既源于一系列事件之间的内在联系,也受到表 1.3 中所描述的犯罪敏感性变化的影响。研究表明,重复受害往往呈现出一种连锁反应:一个犯罪事件往往会触发另一个事件的发生,尤其是当一名习惯性犯罪者返回他们熟悉的犯罪现场时。他们的心态可能是:既然这里已经证实了有可观的回报,且方法行之有效,何必冒险寻找新的犯罪场所呢?重复受害模式对于犯罪预防和侦查工作的影响不言而喻。这包括将有限的预防资源集中分配给那些已经遭受过犯罪侵害的个人,以及对那些在短时间内风险特别高的地点进行积极的监控和侦查(法雷尔和皮斯,1993)。我们将在后续章节中深入探讨这一议题。

目标模式

某些物品因其特性而更易成为盗窃的目标。现金,作为普遍接受的货币,自然是小偷的热门选择;而珠宝,因其价值高且易于转手,同样深受盗贼青睐。相比之下,大型家电如冰箱和洗衣机,因其体积庞大、不易搬运,通常不会成为盗窃的主要对象。窃贼倾向于选择那些他们能够轻易携带、不易被察觉的物品,这些通常是体积小、易于获取、重量轻、价值高的匿名商品,这样的物品不仅便于偷窃,而且在销赃时也更为隐蔽。在本文撰写之际,手机便是一个典型的例子,它兼具便携性、高价值和匿名性,因此在市场上备受欢迎的新产品往往面临着较高的被盗风险。然而,随着市场的饱和,这些物品的盗窃率便会下降。便携、高价值且易于匿名的商品,尤其是受到年轻人和惯犯追捧的物品，常常成为盗窃行为的理想目标。但当这些商品不再流行或者变得不再吸引人时，它们的盗窃率也会相应减少。在历史上，丝绸手帕和怀表就曾是这样的商品。

根据英国犯罪调查的数据，表1.4展示了2006~2007年间家庭入室盗窃中常被盗窃的物品。这些数据显示，体积小、高匿名性以及高价值的物品往往是窃贼的首选，这很可能是因为它们易于携带和处置。

表 1.4　2006~2007 年英国对家庭入室盗窃被盗物品类型的调查结果

物品	被盗物品比率（%）
钱包/钱	45
珠宝	25
数码产品	24
电脑设备	23
手机	16
包类	12
音像制品	12
衣服	8
文件	7
房屋钥匙	7
车钥匙	5
食物/烟	5
机动车	4
工具	3
自行车	2

续表

物品	被盗物品比率（%）
园林物品	1
运动设备	1
家具物品	1

来源：http://www.homeoffice.gov.uk/rds/crimeew0607_tables_bvv.html，最后访问时间：2024年2月26日。

罪犯模式

男性的犯罪率显著高于女性，尤其是在青春期早期，轻微犯罪行为在男性中颇为常见。正如某本书的标题所言，几乎每个青春期的男孩都有可能涉足犯罪（加博，1994）。随着父母直接控制和监督的放宽、生理上的成熟以及与处境相似的同龄人交往时间的增多，这些因素共同营造了一个环境，使得一定程度的犯罪行为变得较为普遍。然而，对于大多数人来说，与学校和家庭保持的持续联系在很大程度上限制了他们走向犯罪的可能性。

同时，犯罪行为主要集中在少数人身上，他们不仅犯罪次数频繁，而且有些人还拥有漫长的犯罪生涯。那些犯罪率较高和犯罪生涯较长的个体，往往比那些偶尔犯罪的人更早开始他们的犯罪活动。对他们而言，犯罪似乎已成为一种根深蒂固的生活方式。

根据2003年在英格兰和威尔士进行的《犯罪与司法调查》，研究人员随机抽取了大约12 000名10至65岁的个体作为调查对象，询问了他们的犯罪行为（巴德等人，2004）。调查结果显示，超过40%的受访者至少承认犯过20种核心罪行[4]中的一种，而4%的人承认实施过严重罪行。男性犯罪率明显高于女性：例如，13%的男性表示在过去一年中犯过核心罪行，而女性这一比例仅为7%；在财产犯罪方面，17%~25%的男性和10%~13%的女性在过去一年中犯过一次或多次财产犯罪；而在暴力犯罪方面，30%~33%的男性和15%~18%的女性在过去一年中犯过一次或多次暴力犯罪，犯罪高峰年龄均为14~17岁。随着年龄的增长，参与犯罪的比率急剧下降，46~65岁的男性和女性的财产犯罪率分别为3%和1%，暴力犯罪率均为1%。在大量犯罪者中，只有少数人犯下了大部分犯罪行为。研究结论指出，2%的样本人口和26%的前一年犯罪者占到了研究中所有犯罪行为的82%。这一发现强调了犯罪行为在人口中的集中性。

各种风险因素都与较高的犯罪率相关。这些因素包括：

- 修养差；
- 学业成绩差；
- 父母监督不力、纪律性不稳定、刻薄和虐待儿童；
- 家庭破裂，特别是没有母亲的孩子；
- 学校混乱；
- 有犯罪历史、反社会和酗酒的父母；
- 经济匮乏，特别是那些出自大家庭、低家庭收入和住在贫民窟的孩子；
- 违法的机会；
- 吸毒；
- 习惯性饮酒；
- 在学校收到排挤；
- 有实施违法行为的朋友或兄弟姐妹；

- 生活在一个杂乱无章、贫困的社区和社交能力差。

一个人存在的风险因素越多，那么他/她参与犯罪的可能性就越高，特别是参与暴力犯罪的可能性。这个问题将在第三章中进行详细讨论。

犯罪模式的变化

犯罪模式在很多方面表现出显著的稳定性，这与犯罪者的年龄、性别、重复受害现象、盗窃目标的选择以及犯罪的空间分布等因素密切相关。这些模式对于理解长期的犯罪趋势至关重要。在大多数工业化社会中，从第二次世界大战结束至20世纪90年代中期，财产犯罪数量呈现持续上升的趋势。这种模式的形成可能与盗贼偏好的商品种类增多以及日常生活模式的变化有关。随着财富的增长和技术的发展，市场上出现了大量体积小、匿名性高、价值高的便携式商品，这些商品要么本身具有吸引力，要么是大众渴望拥有的。此外，女性劳动力市场参与度提升、城市化水平提高、单亲家庭数量增加、个人交通条件改善，以及家务劳动需求因科技设备而减少，这些因素共同作用，使得潜在的犯罪者摆脱了原有的控制因素，或者降低了受害者保护财产的能力。简而言之，当有更多易于获取的物品、对潜在犯罪者的控制减少，以及对吸引盗贼的财产的看护降低时，犯罪数量就会增加。换句话说，犯罪水平的上升是对社会和技术进步的一种负面回应，而这些进步在其他方面通常是积极和理想的。

然而，犯罪模式也会出现突如其来的变化，有些变化的原因显而易见，而有些则不然。图1.6中的第一张图描绘了1898

年至 2005 年间英格兰和威尔士记录的重婚趋势，其峰值与两次世界大战的时期明显吻合，这些在战争期间由人们的流动创造的诱惑和机会，其影响是显而易见的。第二张图展示了 1950 年至 2005 年间美国凶杀率的上升和下降趋势。第三张图则展示了 1980 年至 2004 年间美国按罪犯年龄划分的凶杀率，显示青春期晚期和 20 岁出头的年轻人中凶杀率急剧上升。第四张图根据罪犯的年龄（14 岁及以下；15 至 22 岁；23 岁及以上）展示了 1980 年至 2004 年美国三个年龄段的凶杀率变化。该图显示，尽管起初各年龄组的凶杀率相差不大，但从 20 世纪 80 年代后期到 90 年代初，中间年龄组的凶杀率明显上升，随后从 20 世纪 90 年代中期开始下降。这一趋势在很大程度上（尽管不是全部）解释了第二张图中所示凶杀率变化的后半部分。与重婚趋势一样，这种变化趋势明显，但其解释却存在多种观点和争议。

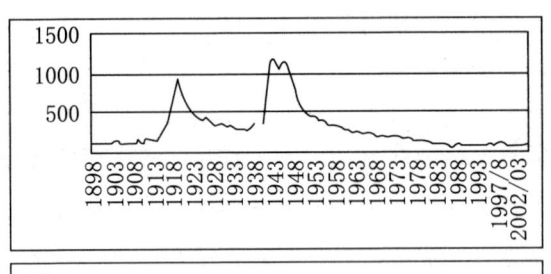

1898年至2005年间英格兰和威尔士记录的相当明显的重婚趋势。

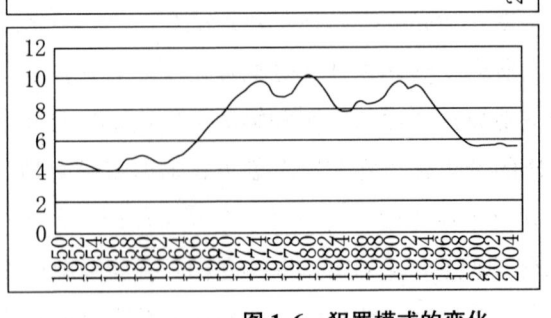

1950年至2005年间美国凶杀率。

图 1.6　犯罪模式的变化

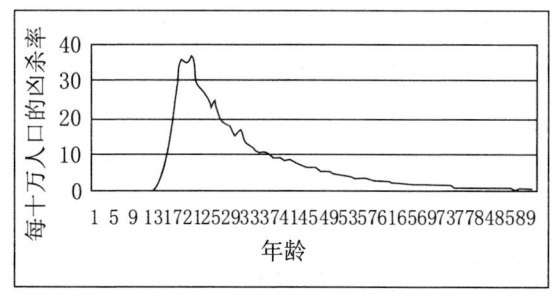

图中上方:
美国1980年至2004年间按罪犯的年龄划分的凶杀率。

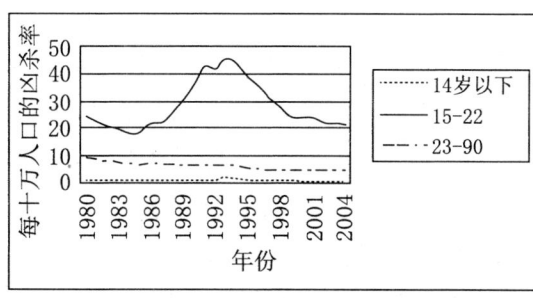

图中下方（图例：14岁以下、15-22、23-90）:
以罪犯的年龄为区分展示了1980年至2004年美国三个年龄段的凶杀率变化。

图1.6 犯罪模式的变化（续）

本章总结

在本章后半部分的内容中，我们详细探讨了主要的犯罪模式，并指出了犯罪问题可能会在哪里集中发生。研究指出，这些模式并非静态不变，而是处于持续的动态变化之中。在地方层面，专家们深入研究了这些模式，他们运用了来自警方及其他机构的一系列本地数据，旨在识别和解决具体的地区性犯罪和治安问题。这样的分析是决定在哪些地方、何时以及针对哪些群体最需要采取犯罪预防措施的关键。在国家层面上，分析人员追踪犯罪问题的演变，以便制定国家级的犯罪预防策略。在最后一章中，我们将讨论如何准确地识别出需要关注的犯罪预防问题。同时，在接下来的四章里，我们将深入研究各种犯罪预防方法，并探讨这些方法如何在识别和解决犯罪问题模式中发挥其作用。

思考练习

1. 以任何犯罪预防措施为例，例如增加照明、安装闭路电视监控、安装防盗报警器或对年轻罪犯的指导，列出你能想到的可能增加或减少犯罪的机制。试着想一想，这些策略在什么情况下最有可能产生积极和消极的影响？

2. 以你特别感兴趣的任何犯罪问题为例，例如枪击案、商店盗窃案、商业抢劫案或贩毒案，并利用互联网资源，尽可能多地找到可能为犯罪预防工作的目标提供信息的模式。

3. 写一份简短的犯罪传记或自传。当然，你或你的伙伴不能被视为任何群体的代表。这个练习将帮助你对犯罪和犯罪预防有更好的体验感，特别当你与其他人的犯罪自传进行比较后这种体验将更加深刻。

进一步阅读

For an overview of international crime patterns using sweeps of the International CrimeVictimisation Survey（ICVS），see Van Dijk, van Kesteran, J. and Smit, P. （2007）*Criminal Victimisation in International Perspective*: *Key Findings from the 2004~2005 ICVS and the EU ICS*. The Hague: Boom Juridische Uitgevers.

For recent British Crime patterns, see Nicholas, S., Kershaw, C. and Walker, A. （2007）*Crime in England and Wales 2006/7*.

Home Office Statistical Bulletin 11/07. London: Home Office.

On repeatvictimisation, see Farrell, G. and Pease, K. (2001) *Repeat Victimization*. Crime Prevention Studies Volume 12. Monsey, NY: Criminal Justice Press.

On offender attributes, see Budd, T., Sharp, C. and Mayhew, P. (2004) *Offending in England and Wales: First Results from the 2003 Crime and Justice Survey*. Home Office Research Study 275. London: Home Office.

For methods of examining patterns of crime, in particular those that are spatial and temporal, see Chainey, S. and Ratcliffe, J. (2005) *GIS and Crime Mapping*. Chichester: John Wiley and Sons.

网页资讯

载英国内政部研究发展统计（RDS），http://www.homeoffice.gov.uk/rds/，最后访问时间：2024年2月26日。

载苏格兰犯罪数据，http://www.scotland.gov.uk/Topics/Statistics/15730/3320，最后访问时间：2024年2月26日。

载美国司法统计局，http://www.ojp.usdoj.gov/bjs/ Australian crime data http://www.aic.gov.au/stats/，最后访问时间：2024年2月26日。

载新西兰犯罪数据，http://www.stats.govt.nz/people/justice-crime/crime.htm，最后访问时间：2024年2月26日。

载加拿大犯罪数据，http://dsp-psd.pwgsc.gc.ca/Collection-R/Statcan/85-205-XIE/85-205-XIE.htm l，最后访问时间：2024年2月26日。

全世界许多警察部门也在互联网上公布有关当地犯罪模式的数据。

附注

1. 这个内政部犯罪预防中心最初设在斯塔福德郡警察总部，从1963年开始运营。该行动于1996年转移到北约克郡的伊斯沃德，成为犯罪预防学院。它不再是专门的警察培训设施，也开始为许多其他机构服务。后来它成为了减少犯罪学院，并于2003年重新命名为减少犯罪中心。它于2005年关闭。

2. 比较犯罪包括与人身暴力犯罪、性犯罪、抢劫、家庭入室盗窃、盗窃和盗窃机动车以及干扰机动车有关的犯罪。

3. 诺丁汉不仅是所有英国犯罪调查比较犯罪记录中犯罪率最高的地方，它也是家庭入室盗窃案发率最高的地方。

4. 核心犯罪包括家庭入室盗窃、商业入室盗窃*、车辆盗窃*、车辆盗窃未遂、车辆内部盗窃、车辆外部盗窃、摩托车盗窃未遂、工作盗窃、学校盗窃、人身盗窃*、其他盗窃和商店盗窃、车辆刑事毁坏和其他刑事毁坏、抢劫个人*或企业*，有伤*和无伤*的袭击以及出售A类*和其他毒品。在研究中，标有星号的八个犯罪类型被认为是严重犯罪。

第二章
刑事司法的措施和机制

在历史的长河中，尤其是在史前时代，保护财产与人身免受掠夺并不被视为刑事司法体系的职责所在。虽然警察、法院、监狱和肉刑在许多地区已存在了很长时间，但它们并非主要的对受害者的防护手段。而且，普通民众对此种状况也并未寄予厚望。然而，大概在20世纪，人们才开始普遍认同他们有权利期待正式的刑事司法组织和程序提供保护。过去30多年间，公众对刑事司法系统在犯罪预防和保障安全方面的效能产生了质疑。整体而言，刑事司法机构的首要关注并非总是减少犯罪及其带来的危害，而是向公民提供司法服务。针对这一现状，本章将重点探讨刑事司法机构在犯罪预防和提升安全方面应采取的行动和策略。在本章的结语部分，我们将重新审视关于刑事司法机构角色与责任的一般性问题。

刑事司法机构通过五大直接机制和五大间接机制，来有效地减少犯罪现象并推动社会的安全与安宁。

直接犯罪预防机制

使罪犯丧失行为能力

剥夺犯罪分子的行为能力是刑事司法体系用以遏制犯罪最

为直观的方法。通过监禁、流放、执行死刑或采取其他形式对身体自由进行限制（例如通过阉割、药物等），这些措施能够确保犯罪分子在特定情况下永久性地丧失犯罪能力，而在其他情况下，则是在一定时期内无法再次犯罪。这种明显的效果是解释其广泛存在的关键所在。

所谓的"选择性"行为能力剥夺，主要针对那些因精神状况、道德缺陷或因屡次犯罪而被视为具有较高风险的人群实施。

在探讨犯罪预防策略中，使罪犯丧失行为能力这一手段面临着至少六个显著问题（齐姆林和霍金斯，1995）。第一，这种做法可能对犯罪者造成不公正的待遇。惩罚往往是基于对犯罪者过去行为的回顾，而非基于犯罪者未来可能的行为。第二，即便出于保护他人安全的考虑，而非被监禁者自身的安全，预测个人未来是否将继续犯罪是极其困难的。许多人因为从未有过违法行为而被监禁或以其他方式剥夺行为能力，这种做法不仅对他们不公，还会给他们带来伤害，同时国家也不必要地承担了相应的经济负担。第三，一旦刑事司法系统做出剥夺行为能力的裁决，且被认为不公平时，系统本身的信誉将受损，公民对它的支持也会受到影响。第四，关于使罪犯丧失行为能力的有效性，现有的总体证据含糊不清。此外，许多犯罪活动是集体性质的，仅通过剥夺个体的行为能力并不能完全阻止整个犯罪团伙的行动。第五，需要特别指出的是，监禁作为一种剥夺行为能力的手段，反而可能增加罪犯在刑满释放后重新犯罪的风险，对于这一问题将在本章后续内容中进行深入讨论。第六，关于监禁，我们不应忽视这样一个普遍认识：国家既有责任保护囚犯，也有责任保护社区免受犯罪侵害。然而，监狱本身往往是犯罪的温床，它将习惯性犯罪的个体聚集在一起，从而加剧了这一问题。

尽管对于将剥夺罪犯行为能力作为犯罪预防策略的做法存在反对声音，但不可否认的是，被监禁的犯罪分子在狱中确实无法直接对狱外人员实施犯罪。当然，他们可能会利用狱内的资源策划外部犯罪，或者在监狱内相互侵害，甚至对监狱工作人员犯罪。从这个角度来看，某些防止那些可能再次犯罪的罪犯付诸行动的惩罚确实具有额外的价值形式。此外，只要犯罪预防政策能够有效地识别并针对那些屡次犯罪的罪犯，并有选择性地让他们丧失行为能力，就有可能减少犯罪的发生。有时即使是反对这种策略的人也可能承认，让已知的罪犯丧失行为能力对于犯罪预防是有益的，这也是刑事司法系统中一种平衡的观点。然而，我们或许应该避免使用"惩罚"这一术语，而应将这些措施视为对实际犯罪行为的制裁。所有剥夺行为能力的措施都应基于罪犯之前的犯罪行为，并且必须在经过正当程序并判定有罪之后才能执行。

同时，在考虑提前释放那些被法院判处监禁的人（或任何其他形式的判决）时，我们需要依赖一定的证据来评估他们释放后再次犯罪的风险。

齐姆林和霍金斯（1995：ix）基于一项主要针对美国的研究得出结论，由于不同的社会环境和刑事司法政策会导致不同的结果。通过剥夺罪犯行为能力进行犯罪预防的结果可能是多变且偶然的，他们指出，不存在通过刑事制裁实现单一层次的犯罪预防的可能性。而一项基于英国的研究发现，增加监禁的使用频率并不是一个理想的减少犯罪的政策。塔林（1993：138-60）

通过分析一系列数据来源后得出结论：监禁水平的25%的变化仅能导致犯罪率1%的变化。

特殊威慑

特殊威慑被认为是刑事司法系统预防犯罪的第二种最常见的假设机制。这种威慑策略的核心在于，通过对某些个体实施制裁，以此来阻止他们未来犯罪。其逻辑在于，制裁带来的不愉快经历将使罪犯对再次犯罪感到恐惧，从而给他们一个教训，让他们意识到"不应再犯"。

然而，与剥夺行为能力策略相似，特殊威慑作为犯罪控制手段也受到批评。在实际操作中，刑事司法系统施加的惩罚可能不仅没有抑制犯罪行为，反而激活了某些促进犯罪的机制。第一种促进犯罪的机制是通过给予受罚者犯罪者的身份（鲍克斯，1971；勒默特，1972）。尽管个人的初始犯罪行为在其性别、年龄和背景中可能是偶然的，大多数人很快就会摆脱这种行为，但是一旦被贴上越轨者的标签，个人可能会接受这一身份，并使其成为主导身份。此外，正式成为犯罪者可能会进一步鼓励这种行为，因为某些工作机会可能将他们拒之门外，与未犯罪者的社交也可能变得困难，这会将个人推向与同样地位的人为伍，从而强化彼此的越轨状态和犯罪倾向。第二种机制涉及在群体环境中，违法者之间可能会互相学习犯罪技巧。在受到惩罚的情况下，他们可能会交流犯罪技术，寻找合作犯罪的机会，并学会为自己的行为辩护。因此，特殊威慑的效果可能会被这些无意中产生的促进犯罪行为的机制所抵消。第三种机制与处罚执行的方式有关，特别是对于罚款的情况。无力支付罚款的人可能会为了筹集必要的资金而不得不犯下更多罪行，这一现象在涉及卖淫的案件中尤为显著。这些情况表明，特殊威慑的效果可能因为执行过程中的种种问题而被削弱，甚至产生反效果。

上述观点并不否认惩罚措施在具体情况下对犯罪具有威慑作用。相反，它们强调了存在一些可能会抵消威慑效果，激活犯罪行为的机制。确实，有些人会因为这些措施而停止未来的犯罪行为，他们可能因为不愿再次经历监狱的恶劣环境而选择放弃犯罪。对于那些在犯罪边缘试探的人来说，不断的触犯法律可能会带来"痛感"，这将成为一个转折点，因为在许多罪犯看来，生命风险和刑罚带来的羞耻已经超越了他们在犯罪团伙中所获得的所谓名誉和地位。

众多旨在减少犯罪的项目和常规做法都在尝试激活威慑效应。这些措施针对各种不良行为，但我们仍不确定这些阶梯式干预对于那些已经习惯于犯罪的人来说效果如何。正如我们在第一章所见，许多人在青少年时期犯罪后，一旦认识到错误，便会自发停止犯罪。阶梯式干预的逻辑在于避免无意中强化罪犯的特殊身份，而是增加在必要时产生威慑的机会。通常，赋予特殊身份的做法被视为官方制裁的最后手段。兰开夏郡基于这些原则实施了"青少年转诊"计划。该计划规定，一旦发现青少年有扰乱社会秩序或反社会的行为，其详细信息将被录入数据库，并向其父母发送通知信，旨在阻止孩子再次违法，并提醒父母提供必要的监护和控制。若孩子在6个月内再次违法，将会向父母、学校及教育福利服务部门发送另一封信，强调他们需要关注这些孩子，满足其需求，并采取必要的控制措施以防止进一步的犯罪行为。若违法行为第三次发生，将召开多机构会议，探讨重复违法行为的原因以及引导孩子如何走上正途。只有在违法行为持续存在的情况下，法律制裁才会被视为最后的手段。这些手段最初可能包括禁止令或反社会行为令（布拉德伯里，2001）。这样的干预策略旨在通过逐步加强干预措施，以最小的官方干预促进青少年的正面改变。

刑事司法干预可能同时产生威慑和挑衅两种效应，其效果因环境和个体差异而异。以美国旨在减少家庭暴力反复发生的逮捕政策为例，不同城市间的成效参差不齐。在某些城市，逮捕策略似乎有效降低了重复犯罪率；而在其他城市，犯罪率反而有所上升（谢尔曼，1990）。对此现象的一种解释是，在稳定社区中，有稳定工作的被捕者可能会因为羞耻感而抑制进一步的家庭暴力行为。相比之下，在边缘和不稳定社区中失业的被捕者可能会因为被捕经历而感到愤怒，这反而增加了家庭暴力重复发生的风险。大型城市由多样化的社区和就业条件构成，因此会呈现出不同的犯罪预防效果，而相关策略的总体成效将是这些效果的汇总。

目前，对于不同亚群体中家庭暴力罪犯被逮捕后产生的威慑与挑衅效果尚不明确，这种差异带来的政策和实践影响也尚未完全了解。警察是否能够根据具体情况公正地决定是否逮捕，仍然是一个问题。如果警察能够做到这一点，那么他们在处理重复犯罪案件时将能最大化利益并最小化成本。然而，针对同一行为采取不同的刑事司法对策是否合理，仍是一个值得探讨的问题。如果我们对这两个问题的任何一个答案是否定的，那么即使逮捕对罪犯产生了积极的特殊威慑效果，这种策略的合理性也是值得怀疑的。第七章将提供更多关于这一例子的详细信息。

一般威慑

刑事司法系统通常被认为具有一般威慑效力，即其制裁措施（或制裁的潜在可能性）能够对那些并非直接目标的人群产生预防犯罪的效果。这种威慑的逻辑在于，当人们目睹他人受到警察、法庭或刑罚机构的审判和惩罚时，这种震慑作用能够促使他们遵守法律，以避免失去尊严、自由或身体健康。在大多数情况下，这种威慑对许多人都是有效的（肯尼迪，2008）。

有迹象表明，在某些情况下，如警务活动因故暂停（例如，由于罢工行动），犯罪率可能会上升（谢尔曼，1992a）。然而，这并不意味着每个人都会在这种情况下选择犯罪。实际上，对于某些人来说，刑事司法机构的活跃运作本身就足以阻止他们从事犯罪活动。这表明，一个有效运作的刑事司法系统在一定程度上提供了一般威慑力。另一方面，警力的边际变化似乎并不总是对犯罪水平产生直接影响（克拉克和霍夫，1984）。研究表明，当警方和其他执法机构针对特定地点采取针对性的行动时，通过一般威慑机制可以有效减少犯罪（谢尔曼，1990；法雷尔等人，1998；蒂利，2004b）。事实上，如果这些针对性行动在实施前伴随着大规模的宣传，并且是在不提前通知的情况下进行的，那么威慑效果可能会超出行动本身的影响。这种打击犯罪的策略甚至可能产生超越其地理范围的效应，因为许多潜在的犯罪者可能会过度估计自己被捕的风险，尽管这并不意味着所有犯罪和犯罪者都会如此反应。随着时间的推移，随着犯罪者对新环境的适应，警方加强关注的效果可能会逐渐减弱。

威慑效果似乎是通过增加罪犯面临的风险的不确定性来实现的（谢尔曼，1990；荷马，1995；蒂利，2004b）。警方通过对潜在罪犯进行集中的随机关注，创造了这种风险的不确定性，从而产生了威慑效果。新南威尔士州对司机进行的随机呼吸测试就是一个明显的例子。这些测试以足够高的频率进行，使得司机感到如果他们酒后驾车，将面临真实且不可避免的被捕风险。他们无法确定自己在任何特定时刻的风险水平，也无法控制这种风险。随机呼吸测试的实施使该地区酒后驾车造成的死亡人数急剧且持续下降（荷马，1988；1995）。

此外，还有一些更为精细的做法，即利用打击行动让那些被认为可能犯罪的人感受到一般性威慑（肯尼迪，2008）。波士顿枪支项目（肯尼迪等人，2001）可能是其中最著名的案例。该项目旨在减少波士顿地区与青少年帮派相关的枪击事件。帮派成员被告知，如果他们犯下与枪支相关的罪行，不仅犯罪者本人会成为警方目标，而且整个帮派都会受到特别关注。这种方法不仅直接阻止了相关犯罪行为，还激发了帮派内部的社会控制，减少了与枪支相关的犯罪。相应地，与枪支犯罪相关的伤害减少，也降低了携带武器进行自我保护的动机。在这种情况下，警察和缓刑机构等官方刑事司法机构的一般威慑被有意识地用来激活那些行为有问题的人，通过这种非正式的监管手段来减少犯罪。这些干预措施旨在通过明确的目标和高强度的宣传，确保特定行为的后果是明确的，并伴随着执法机构对所有违规行为的一致关注。评估报告显示，波士顿枪支项目对与青少年帮派相关的凶杀案产生了实质性影响。图 2.1 展示了与波士顿枪支项目实施相关的波士顿地区青少年凶杀案的变化。该项目中使用的一般策略也可以被更广泛地应用于解决特定的犯罪问题（肯尼迪，2008）。

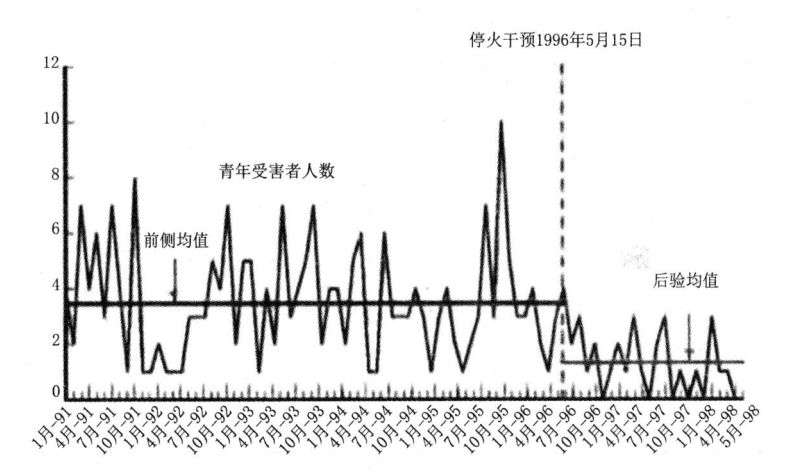

图 2.1　与美国波士顿枪支项目相关的青少年凶杀案受害者人数的变化

来源：肯尼迪等人（2001：58）。最初由美国司法部国家司法研究所出版。

在英国，2002 年至 2005 年期间实施的街头犯罪倡议专门将执法重点放在抢劫和掠夺性盗窃上，这些犯罪类型在当时正迅速增长。警方针对性地在犯罪热点地区加强巡逻，这一策略显著提升了案件侦破率，并将更多罪犯绳之以法。如图 2.2 所揭示的，这一举措虽然取得了显著成效，但一旦特别行动结束，其正面效果也迅速消退。

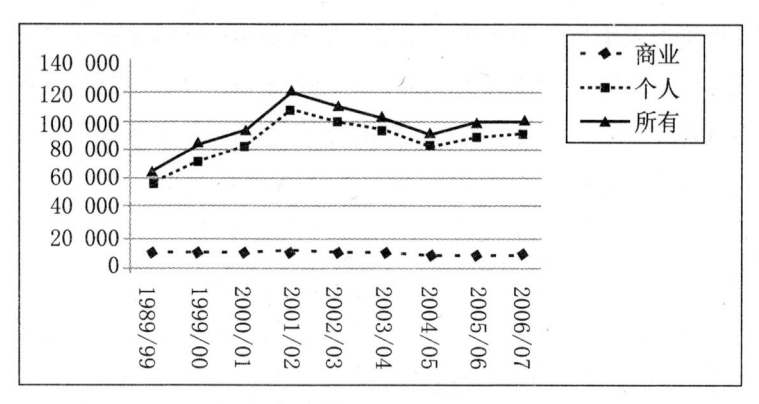

图 2.2　1998~2007 年英格兰和威尔士的个人和商业抢劫

来源：尼古拉斯等人 2007 的数据。

根据谢尔曼（1990）的观点，有针对性的打击策略的一大优势在于，它能够为那些通常不受警方重视的犯罪提供一定程度的关注。周期性的打击策略并非一成不变地优先处理最严重或最常见的犯罪，而是根据不同的地区和犯罪类型进行间歇性的集中打击。这种做法的目的是让潜在的犯罪者相信，没有任何地方是安全的，也没有任何犯罪类型能够逃过警方的注意。这意味着，他们永远无法确定自己是否可以在没有风险的情况下犯罪，同时也无法在已知的风险环境中采取行动。与持续关注更严重或更普遍的犯罪相比，这种策略可能更为有效，因为它能最大限度地发挥有限警力资源的威慑作用。在这种情况下，犯罪者被迫根据警方已知的做法和优先级调整自己的行为。然而，这种策略尚未得到尝试。

简单粗暴地镇压犯罪和罪犯可能会带来诸多弊端，甚至可能激发更多的犯罪行为。最著名的例子之一是斯卡曼勋爵（谢尔曼，1982）报告的 1981 年布里斯托尔的"沼泽行动"，该镇压行动引发了广泛的不满和骚乱。这种镇压有可能将一些原本偶然犯罪的人推向了长期犯罪。与未实施镇压的情况相比，这些人可能遭受不公正的待遇，并被错误地贴上刑事标签。此外，这些人可能因为警方的不一致和冷酷行动而对警方产生敌意。警务工作在很大程度上依赖于社区对警察的信任，如果没有广泛的公众支持，镇压行动可能会损害警察的公信力。

因此，尽管各种形式的镇压可以通过一般威慑机制降低犯罪率，但他们并不适用于所有情况。

尝试通过刑事司法系统发挥一般威慑作用的努力，其成效往往令人遗憾。所谓的"胆小鬼项目"便是其中一例，该项目旨在将徘徊在犯罪边缘的年轻人带入监狱，让他们亲身体验犯罪的后果。在这些年轻人与囚犯的互动中，后者通常会分享自己的犯罪经历和监狱生活的痛苦现实，以期让前者反思并改变生活方式。尽管这种做法在理论上似乎合理，因为大多数人都会避免可能导致危机的行为，但项目评估结果却令人失望，没有发现任何显著的正面效果。实际上，某些情况下甚至出现了负面影响（彼得罗西诺等人，2002）。目前尚不清楚该项目是否对不同个体产生了不同的影响。对一部分人来说，犯罪风险的吸引力可能会因目睹监狱的现实环境而消失，或者在与同龄人交往时，参观监狱的经历可能会让他们摒弃犯罪念头。然而，对另一些人来说，这种接触可能确实促使他们反思自己的人生道路，成为一个转折点（蒂利，2006）。如果每个人对该项目都有相同的反应，那将是令人惊讶的。由于净影响评估无法揭示这些细微差别，因此这种短暂的犯罪生涯接触可能带来的长期弊端，似乎也不太可能让许多人免受犯罪行为的直接诱惑，反而可能更频繁地受到这种诱惑的影响。

更为沮丧的是，有时刑事司法系统即便旨在阻止犯罪，也可能无意中为犯罪行为创造了激励因素。在某些情况下，犯罪者因其行为而在社区中被视为英雄，而非被羞辱的对象。例如，拒绝支付投票税的人或参与政治抗议的人（帕森，2006）可能声称自己站在道德高地，而刑事司法系统的介入反而为他们的立场提供了进一步证据和宣传。在这些情况下，刑事司法系统非但没有阻止犯罪，反而可能诱发犯罪行为。

表 2.1 压制类型：内容、机制和结果

干预	内容	机制	结果
突然在该地区出现很多警察在场	边缘群体，警察信任程度低，但有一定的内部凝聚力	愤怒；挑衅；警方移除和不信任	抵制和暴动，减少与警察的合作
在该地区公开宣誓警察的存在感，安静地撤离	犯罪高发区 高罪犯率 低罪犯率	风险认知增加；风险不确定性增加 创新和快速重新评估变化的风险 无创新和缓慢重新估计风险；缓慢实现打击撤回	快速初始犯罪下降 作为修订后的风险估计，尽早恢复犯罪；操作方式的一些创新；快速的初始和残余威慑衰减 渐进的初始和剩余威慑衰减
地区打击财产犯罪	需要高额犯罪收益的罪犯（可能是因为依赖毒品）	适应违规模式以产生同等回报	按地点、类型或方法置换违规行为

续表

干预	内容	机制	结果
对特定行为的时间限制打击	被"尊重"的罪犯	对风险的焦虑；对风险的不确定性，无法控制风险	迅速减少违规行为；剩余威慑衰减
宣传/宣布打击行为	对违法者的似是而非信息	感知风险增加；风险增加的不确定性	迅速减少违规前（或没有实际的）打击，残余威慑，直到降低风险实现
对个人进行随机执法/打击，并给予轻微处罚	希望被视为"尊重"的团体成员；"边际"群体的成员	对不确定和无法控制的羞耻风险的焦虑；对任意，意外发现或辞职处罚的愤怒	目标行为迅速下降，恢复暴力行为，补偿性犯罪，遵守惩罚
有条件的打击，应用于成员组遵循指定的行为	属于松散群体的违法者从事对执法活动开放的各种行为	感知群体风险增加和成员普遍执行的成本；目标群体内的非正式社会控制	减少激活击倒的行为
持续低宣传，大面积低程度打击	典型的罪犯人口	打击不被注意，缺乏/很快就会失去可信度	没有变化
针对疑似惯犯/累犯的打击行动	已知的罪犯犯下了大部分的罪行	无行为能力；一般威慑	在任何特定时间，犯罪率降低与高犯罪率罪犯的供应成正比

来源：蒂利（2004b）。

恢复性司法

刑事司法系统运作中产生的副作用已受到广泛关注。作为对比，恢复性司法被视为一种能够避免这些意外后果的方法，同时为受害者提供更为有效的支持措施（约翰斯通和范内斯，2007）。在本书中，我们将焦点放在犯罪预防上，这是我们的核心议题。

恢复性司法通过减少未来犯罪的可能性替代了许多非预期的犯罪促成因素来减少犯罪。例如，波士顿枪支项目通过动员非正式的社会控制机制，成功地规避了正式机制的弊端。这一现象通常被称作"重返社会的羞辱"（布雷斯韦特，1989）。这种羞辱过程可能类似于许多读者亲身经历或见证的童年场景，即因不当行为而被父母责备。孩子的违规行为会受到父母的责备，但不会被完全排斥。通常，孩子会被要求承认错误并弥补过失。这个过程有助于他们认识到错误，一旦他们表现出悔意并进行补偿，他们通常会被原谅。对儿童无条件的爱并不意味着对不当行为的忽视，相反，它传达了一个信息：孩子始终会被接纳和原谅，并被鼓励在家庭中发挥积极和建设性的作用。

在某些情况下，恢复性司法涉及将罪犯及其支持者与受害者及其支持者聚集在一起。这是一个管理过程，要求罪犯承认罪行并倾听受害者的声音。受害者希望罪犯认识到他们所造成的伤害，并同意通过某种形式的矫正来弥补其伤害。对受害者和罪犯的支持既是道德上的也是实际可行的。这一过程不仅停留在口头层面，而是一份关于未来的协议，其中包括有条件地恢复罪犯作为正常公民的地位（即被信任和接受，而非被不信任和排斥）。恢复性司法引发的争议可能源于那些情绪激动的场合，因为罪犯在意识到自己的行为后，他们及其支持者可能会感受到羞辱。罪犯应该接受内部和外部的非正式监督，这或许能够减少或消除他们的违法行为。

这一进程通过避免西方对抗式法庭系统所固有的将犯罪者与受害者置于对立位置的弊端来实现。在这种对立的关系中，犯罪者往往会否认指控并回避对行为负责，而受害者则难以积极参与其中，甚至可能遭受进一步的伤害。与传统的法庭程序相比，大多数受害者对恢复性司法的效果表示满意，并较少感到恐惧（格林，2007）。

恢复性司法已在实践中得到广泛应用，旨在超越传统的刑事司法系统，将受害者、社区成员和犯罪者聚集在一起，共同致力于弥补和修复他们的关系。犯罪者必须直面其行为的后果，并被期望承认错误并展现悔意，这不仅是对受害者的补偿，也对受害者及实施犯罪的社区一个交代。通过这种方式，人们希望能够治愈社会创伤，在某些情况下，恢复性司法甚至能够取代正式的刑事诉讼，因为后者可能给参与者带来伤害。在其他情况下，它作为传统刑事司法措施的补充，这些恢复性努力甚至在犯罪者被拘留期间就能展开（参见约翰斯通和范内斯，2007）。

尽管研究表明恢复性司法在提升受害者满意度以及控制再犯罪率方面具有显著优势，但它并非万能。并非所有受害者都愿意选择恢复性司法，也并非所有经历恢复性司法的犯罪者都能停止犯罪行为。然而，对许多犯罪者来说，预防机制似乎得到了有效的激活。海斯（2007）在对恢复性司法干预后的再犯罪研究回顾中指出，恢复性司法在犯罪预防方面发挥了积极作用。不过，恢复性司法的一个潜在不足在于，当它取代正式的刑事司法程序时，可能会影响到正义的实现（如果我们理解的正义是指通过正当程序被定罪的人应得到的一致性和相应的处罚）。无罪的人可能会选择参与恢复性司法会议，因为他们可能认为这是一个更为温和的选择，尽管这种选择可能存在缺陷。此外，由于会议的结果取决于过程中达成的共识解决方案，相同的行为可能会导致不同的结果。这对于那些需要满足严格条件才能重新融入社会的人来说似乎并不公平，因为其他人可能会得到更为宽松的待遇。

中断

"情报主导型警务"旨在通过追踪罪犯的行踪和计划，从而破坏其犯罪活动，以此减少犯罪并提升公共安全（参见拉特克利夫，2008）。这种策略涉及执法机构（主要是警方）的系统性和持续性努力，旨在监控犯罪组织、团伙、合作关系、阴谋和行为模式。随着各种技术的发展，这些努力得到了加强，包括法医技术的进步、电子数据库的建立、闭路电视监控系统的完善、车辆牌照识别技术的改进、隐蔽监视技术的提升、用于快速简便犯罪分析的专用软件，以及廉价、强大且用户友好的地理信息系统。

情报官员负责收集和解读来自公开和秘密渠道的信息，并将其转化为对当前犯罪形势的可靠描述。这些信息随后用于策划旨在挫败犯罪分子的行动。情报主导型警务适用于从地方性犯罪到区域、国家和国际层面的犯罪模式。

犯罪破坏策略可以采取多种形式，并激活不同的犯罪控制机制，其中一些在本章已有探讨。目前，这些破坏技术尚未被系统地整理。表 2.2 是一种初步尝试，旨在确定在情报主导型警务中可能激活的主要机制类型，以减少犯罪。该表显示，以情报为主导的行动通过使罪犯失去犯罪能力、向潜在犯罪者提供误导性信息，或破坏犯罪所依赖的人际信任，作为减少犯罪的手段。这些策略构成了表2.2中的三个主要列，分别编号为1、2和3。表中的六个子列（标记为a-f）分别描述了成功犯罪活动的主要方面，这些方面可能因能力丧失、误导性信息和信任破坏而受挫。它们分别涉及：实际的犯罪事件；招募新人加入犯罪或参与更严重、更有组织的犯罪活动；犯罪行为发生的组织结构及其通常较为松散的合作网络；非法商品（被盗、假冒或走私）的市场，这是犯罪活动回报的主要来源；实施犯罪行为的个人罪犯；以及那些主动或被动、有意或无意地为罪犯提供便利并允许其行动的社区。

表2.2 中断机制的类型

犯罪业务方面	1 使丧失能力	2 告知或不告知	3 不信任
a 犯罪事件	犯罪事件中止	罪犯对犯罪机会的误导或错误信息	事件发生时的诱捕
b 招募罪犯	针对招募他人的罪犯进行有针对性的逮捕	宣传潜在的逮捕风险	在招募时被捕
c 犯罪组织	协调逮捕和监禁关键网络成员	使用线人反馈信息；宣传（据称）使用线人	成功使用线人的宣传
d 非法市场	关闭处理非法货物的市场	关闭销售盗窃商品的市场和对参与其中的人进行处罚	使用和宣传使用"刺痛商店"

续表

犯罪业务方面	1 使丧失能力	2 告知或不告知	3 不信任
e 个别罪犯	针对已知多产罪犯的有针对性的执法	向潜在罪犯发出关于正在注意他们的信号	公开使用未知线人
f 社区宽容	证人保护；专业证人	宣传使用匿名社区信息来源；推广举报/刻画犯罪者的图像	奖励有助于发现罪犯的信息；社区一级协调一致，集中可靠的警务工作

18 种不同类型的情报主导型犯罪预防机制已经显现，这些机制可能会以表格中各个单元格所示的方式被激活，它们各自以独特的方式干扰和破坏犯罪活动。这些机制的应用取决于对新兴犯罪行为和合作模式的深入、及时的理解，以及如何在特定情况下做出最明智决策的判断。

历史上，最简单也可能是最早的一次情报主导型行动发生在 1606 年，当时警方利用所得信息中断了一个破坏军火库的阴谋（如表 2.2 中的 1a 所示）。即使在那些更系统地搜集和分析情报的地方，情报主导的当局也可能选择推迟行动，以便更全面地摧毁涉及的组织或网络，从而预防未来可能发生的犯罪活动。

情报主导型警务作为一种干扰和减少犯罪的策略，在表面上具有明显的合理性，并且在国际上得到了广泛的认可。然而，令人惊讶的是，这种策略在理论上的发展相对有限，且至今几乎没有人对其减少犯罪的效果进行过系统的评估。评估情报主导型警务的一个难点在于，其成效在一定程度上取决于所搜集信息的质量、分析人员的技能，以及决策者在特定情况下采取干预措施的能力。因此，质疑情报主导型警务本身是否能减少犯罪可能并不具有实际意义。更合适的问题可能是，在什么情况下，情报主导型警务的预防机制能够减少犯罪或至少不增加犯罪。

以表 2.2 中提及的"刺痛商店"（为收集犯罪情报而根据多发犯罪目标而设立的商店）技术为例，对于执行这一行动的警方来说，这是一项既刺激又成本高昂的任务。这项秘密行动涉及警方在已知财产犯罪频发的地区或周边设立并经营一家商店，买卖容易被盗的商品，并通过此方式识别潜在的盗窃犯。经过数月的运营，这些商店最终关闭，大量窃贼被捕、起诉并定罪，导致该区域内许多活跃罪犯受到惩罚，丧失犯罪能力或受到震慑。同时，其他有犯罪动机的潜在罪犯也可能因缺乏成功实施盗窃的信心而放弃犯罪。这种做法成本高昂，且具有一个主要弱点，即建立这样的商店虽然可以更容易地捕获罪犯，但也可能激发更多的犯罪行为。此外，除了罪犯被定罪之外，相应的补偿效益尚不确定。如果存在许多同样有吸引力的替代渠道，这种措施可能不会产生长期影响。如果没有，那么建立"刺痛商店"可能反而刺激了犯罪行为。

我们描述这一现象，并非为了贬低这种做法，更不是要质疑情报主导型警务的价值。简单来说，情报主导型警务的有效运用依赖于警方对当地环境的深刻理解，以及对可能产生的意想不到和不相称副作用的敏感性。这些副作用可能很微妙，但它们可能决定着风险是否值得长期关注以换取更大的利益。一个恰当的例子是，如果犯罪预防机构成功预防了当地青年的滋扰行为和小规模盗窃，这可能导致更严重犯罪的发生，如武装抢劫或有组织的毒品交易。情报主导型警务可能会成功地破坏和遏制本地的严重违法行为，但代价可能是其他地区的滋扰行为增加，甚至可能导致毒品市场的失衡。这是因为当一个犯罪群体被移除后，可能导致其竞争对手接管原有的非法市场份额。

间接犯罪预防机制

犯罪本质上是所谓的"邪恶问题"，正如我们在第一章所探讨的，它源于众多复杂因素的交织，这一点将在后续章节中进一步深入分析。因此，预防和应对犯罪的方法往往需要刑事司法系统以外的其他机构共同参与和协作。现在，我们将关注刑事司法机构能够作出的贡献，即便它们并非总是通过直接提供减少犯罪的干预来实现这一目标，这些贡献依旧值得关注和探讨。

合作：打击和整合战略

在当代社会，合作预防犯罪和提升安全已成为一种普遍认可的有效途径。中央和地方政府部门、教育机构、企业、个人以及社区本身都对犯罪及其滋生条件有着直接或间接的影响。为了最大限度地发挥这种影响，它们有时需要相互协作。

打击与巩固战略提供了一种合作模式。本章已经讨论了打击犯罪可能带来的影响，以及这些影响如何超越单一行动的范畴。然而，犯罪预防是一项资源密集型的工作，其成果可能是暂时的（尽管即使是短期的缓解也可能极具价值）。巩固措施旨在加强和补充打击犯罪的效果，以实现犯罪率的持续下降。

在犯罪率较高的社区，打击措施往往被频繁采用。在这些地方，未参与犯罪的人可能受到无法控制犯罪者的压迫。居民可能因担心受到牵连而不愿直接干预或报警。服务提供商也可能因风险考虑而不愿进入这些区域。能够选择搬迁的居民倾向于离开以规避风险，而潜在的搬迁者也不愿进入，只有极度贫困的人才会选择留下，导致许多房屋空置。罪犯和易受伤害的人群共存于同一区域，前者对后者具有掠夺性，形成了一个令人沮丧且熟悉的景象。犯罪、社会失序和物质环境的恶化相互交织，除非这些问题同时得到解决，否则任何单一问题都不可能得到有效根除。打击与巩固战略结合了多种干预措施，旨在解决这些相互关联的问题。打击犯罪行动为建立社区信心和改善地区物质环境提供了契机。随着犯罪率的初步下降，人们普遍认为需要进一步的打击措施来维持这一成果，这可以通过协调一致的执法行动来实现。在这种背景下，非执法的公共、私营和志愿部门可以与社区成员合作，增强对彼此及外部组织的信心，修复地区设施和外观，以减少犯罪。最终，这将改善地区的声誉，增强对潜在守法居民的吸引力。战略性的打击与整顿活动能够增强居民信心、降低犯罪率并改善居住环境，形成良性循环。虽然这样的成功案例不多，但它们确实存在（参见法雷尔等，1998；蒂利和韦伯，1994）。图2.3展示了打击与整合战略的逻辑框架。

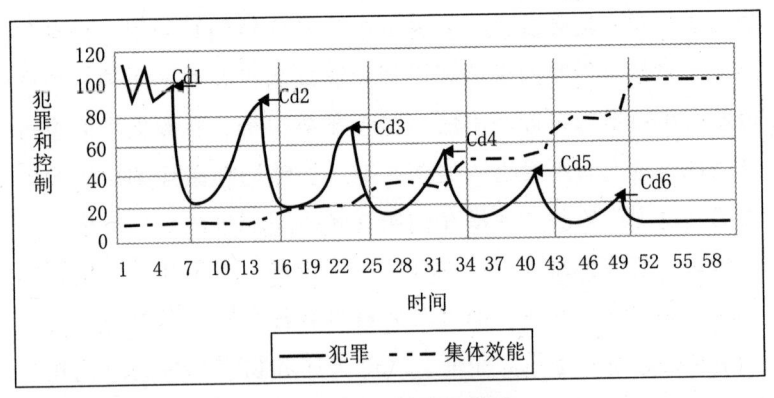

图 2.3 打击和整合策略

注:"Cd"是指打击行为;索引为 100 的第一次下落和随后的下落被设定为前一个的速率是 80%;下降线是指下落的结束;下降线顶部的水平线指向打击的起点。剩余的威慑解释了在每次下落结束后犯罪上升之前所花费的时间。集体效能是指社会凝聚力和非正式社会控制的混合体。(参见桑普森等人,1997)

信息和专业知识

尽管减少犯罪依赖于多方面的行动,但刑事司法机构无疑是与犯罪相关数据的主要保管者。警方、缓刑服务机构、监狱和法院掌握着大量可在地方层面利用的信息。这些数据有助于揭示犯罪模式、理解犯罪者和受害者的特征,以及监控已知犯罪者的行踪。然而,并非所有犯罪都会被上报或记录在案,实际上只有少数犯罪会被揭露。因此,刑事司法机构所掌握的只是犯罪现实的一小部分。除此之外,其他机构如医疗机构可通过非意外伤害和药物滥用数据提供犯罪信息,地方政府可通过涂鸦、乱扔垃圾和逃学情况获得线索。此外,受害情况报告和自我报告调查也能补充官方数据的不足，帮助我们更全面地了解犯罪模式。在实践操作中，最全面且易于获取的本地数据往往来源于警方。这些信息可以反馈到警方的决策过程中，帮助他们确定犯罪预防工作的优先级，并识别需要参与的相关组织。警方通常采用的手段是刑事司法系统内其他机构无法使用的，本书其他章节将对这些手段进行详细描述。

显然，基于数据确定的工作优先级和潜在的干预措施取决于数据的质量和可用性，这又受制于数据提供机构的内部做法，其中警方的作用至关重要。实际上，过去大多数司法管辖区在数据质量和流动性方面存在不足，但这一状况正在逐步改善。

除了提供数据，警方还常常派遣犯罪预防专家协助地方社区减少或主动打击犯罪，这些手段往往超出了警方的直接控制范围。他们将专业知识应用于有关未来发展规划的决策中，即如何最有效地解决犯罪问题的决策。在英国，这些专家被称为犯罪预防官员、减少犯罪官员、建筑联络官员和犯罪预防设计顾问，他们为地方的犯罪防控工作提供了宝贵的专业支持。

杠杆

利用杠杆策略指的是发挥那些能够采取犯罪预防措施的人的潜在影响力。这一策略补充了警方数据来源和警察部门在执法或非执法手段中常用的专业知识。警察有多种方式来说服这些关键人物参与犯罪预防工作。这些方法可能包括：根据问题的严重性和性质的证据来招募他们，从礼貌的请求到积极推动立法，以促使那些原本不愿意采取行动的人改变态度。在这里列举一位废弃金属收购商的案例，警方注意到在他的公司附近发生了大量轻微犯罪活动，并怀疑被盗财产经常被卖给他。起初这位商人并不愿意与警方合作，但最终他妥协了。警方动员了当地环境部门对公司的物品进行检测，结果发现这些物品中含有受污染的土壤成分，如果上报，他的公司可能会面临关闭。在商人选择与警方合作之后，周边地区的犯罪问题得到了显著解决。在这个案例中，警察并没有直接介入犯罪预防行动，而是运用了他们的信息优势，通过应用杠杆策略，实现了减少当地犯罪和滋扰现象的转变。关于杠杆策略的应用和案例，可以参考斯科特（2005）的研究。此外，我们将在第六章中对杠杆策略进行更详细的探讨和解释。

受害者服务

在第一章中，我们探讨了重复受害的模式，这一模式可能增加受害者未来遭受犯罪侵害的风险。警方已经具备能力提前向某些特定群体发出警告，告知他们未来可能面临的风险增加，并建议他们采取相应措施以降低这些风险。在特定情境下，尤其是在家庭入室盗窃的案例中，警方还能通过提供免费或补贴的安全升级设备来增强房屋的安全防护，并在风险最高的时段动员邻里监控那些易受犯罪侵害的财产。研究还表明，同一罪犯可能会在之前的犯罪地点或周边区域重复作案，而累犯或惯犯也更倾向于再次犯罪。这些发现为采取积极措施（例如，使用能迅速触发警方响应的警报系统）逮捕这些违法者提供了依据。随后，警方可以通过特定的策略来阻止这些潜在的违法者，或至少使他们暂时放弃继续犯罪。重复受害是犯罪预防工作的一个重点领域，由警方单独或与其他机构联合开展。这种做法在减少犯罪方面已被证明是有效的（参见弗雷斯特等人，1988；1990；汉默等人，1999；切纳利等人，1997）。这些措施通常包括警方激励或引导第三方机构参与犯罪控制或直接干预工作。这项工作不仅涉及警察权力的运用，还包括与其他机构合作的一系列行为。

制定治疗激励措施

在第三章中，我们将深入探讨旨在降低犯罪倾向或需求的策略。目前，我们只需认识到，这些措施通常是由刑事司法系统内部或其下属机构执行的。一旦犯罪嫌疑人被法庭定罪并判处刑罚，缓刑服务、监狱系统以及假释官员均可以直接参与到为罪犯提供的治疗项目中，旨在帮助他们避免重蹈覆辙。此外，这些机构也可能与其他服务提供者签订合同，以实施相应的康复计划。不仅如此，警方还会对那些刚从监狱释放、正处于戒毒期间的人员施加一定的影响。当已知因药物依赖而犯罪的个体出狱并安排在社区中居住时，警方通常会收到相应的通知。警方的立场是，除非这些释因正在接受戒毒服务，否则他们将成为警方密切监控的对象。这种做法的目的是通过监督和干预，减少这些个体再次犯罪的可能性（参见兰开夏郡警察局 2003 年报告）。

犯罪预防所扮演的角色和责任

本章探讨了刑事司法机构的作用与责任这一核心议题。一种观点认为，刑事司法系统的首要任务应是为个人伸张正义，其次才是关注犯罪预防和安全促进。据此，刑事司法系统及其所属机构的主要职责是尽可能多地将有罪之人绳之以法，并竭力避免对无辜者施加惩罚。任何旨在减少犯罪的措施，其效果本质上都是可以预期的。更为关键的是，当刑事司法系统未能提供公正待遇时，民众可能会感到极度不满，进而拒绝与这些机构合作，有时甚至可能导致诸如布里克斯顿暴动等犯罪行为的发生。

这种论点得到了广泛认同。对于刑事司法系统的工作者而言，如果他们不将公正合法的行为视为基本原则，那么他们的声誉可能会受损（霍夫，2004）。然而，刑事司法系统的目标不仅限于此。保护受害者和犯罪者权益、对刑事司法系统进行变革和矫正犯罪行为同样是刑事司法系统长期关注的焦点，这一点很少有人质疑。尽管这一观点受到广泛认同，但我们必须有充分的理由才能超越为犯罪行为嫌疑人提供正义的必要性。

最后，我们必须特别考量警方的工作。自1829年《大都会警察法》颁布以来，警察的主要职能被反复强调：并非仅为法院和监狱提供"罪犯货源"，而是确保社会秩序和公众安全。然而，有人指出，警方似乎已经偏离了这一初衷。公平地说，人们常常认为，安全可以通过侦查和起诉罪犯来实现，但这只是手段之一，而非维护治安的根本目的。本章的主要关注点在于探讨这些手段在何种情况下能够预防犯罪，以及何时可能无法奏效。此外，本章还指出，警方在预防犯罪和促进安全方面大有可为，实际上他们也已经在这样做。这意味着警方的工作不应局限于逮捕和定罪罪犯。如果将逮捕和定罪视为警方预防犯罪的主要手段，且刑事司法机构也持相同目标，那么正义本身可能会在这一过程中成为牺牲品。

本章总结

刑事司法系统作为一个由各个组成部分构成的有机整体，在犯罪预防方面具有潜在的积极作用。但是，我们不应想当然地认为刑事司法系统会自然发挥积极作用，或传统的刑事司法机构理应承担犯罪预防的责任（尽管许多人可能这样认为）。刑事司法系统通过剥夺犯罪能力、特殊威慑和一般威慑等手段，并不总是能够达到预期的预防效果，有时甚至可能导致反效果。尽管如此，这些机制在某些情况下确实能够预防犯罪。为了最大限度地发挥这些机制的预防效能，我们必须细致地考虑它们的应用方式和时机。此外，刑事司法机构可以通过与其他组织合作，提供信息支持或激励措施，以促进有效的犯罪预防工作。然而，需要注意的是，单纯追求犯罪预防的效果可能会对刑事司法的其他核心价值观造成损害，尤其是对所有个体的公平性问题。这一点要求我们在推动犯罪预防的同时，必须保持对这些价值观的尊重和考量。

思考练习

1. 请你制定一项政策，刑事司法机构可以通过该政策降低针对小商店、超市的抢劫或学生财产盗窃的犯罪率。
2. 犯罪预防作为刑事司法系统的目标，可能会以何种方式危及正义？你怎么调和两者之间的关系？
3. 如何在犯罪预防方面公平有效地传递威慑效用？
4. 试想一下如果你被不公平指责并且面临指控或处罚，你会是一种怎样的感受？你认为它是如何影响你的态度或未来行为的？请写出你的想法并进行小组讨论。

5. 以下哪一项最有可能影响你作出轻微犯罪的决定，比如进行盗窃。衡量你可能会面临的惩罚的大小（比如犯罪目标人的口袋中有 250 英镑，而被捕后将面临 50 英镑的罚款）；被警察抓获的机会（比如 1/2 或 1/10）；或者被你的母亲会发现的机会（比如说 1/2 或 1/10）？请写下你的思考并进行小组讨论。

进一步阅读

For a discussion of the effectiveness of traditional policing, see Clarke, R. and Hough, M. (1984) *Crime and Police Effectiveness.* Home Office Research Study 79. London: HMSO.

For a classic discussion of shaming and reintegrative shaming which draws on a wide range of criminological theory and findings see Braithwaite, J. (1989) *Crime, Shame and Reintegration.* Cambridge: Cambridge University Press.

For a very modern discussion of ways in which deterrence may be used imaginatively, effectively and ethically in crime prevention see Kennedy, D. (2008) *Deterrence and Crime Prevention.* London: Routledge.

For a wide-ranging discussion of the nature and potential of intelligence-led policing see Ratcliffe, J. (2008) *Intelligence-Led Policing.* Cullompton: Willan Publishing.

For ways in which the police can persuade others competent to prevent crime that they should do what they can see Scott, M. (2005) "Shifting and sharing police responsibility to address public safety issues", in N. Tilley (ed.) *Handbook of Crime Prevention and Community Safety.* Cullompton: Willan Publishing.

第三章
个体措施和机制

在本书的首章中，我们着重指出了一个普遍现象：多数犯罪行为实际上是由少数屡教不改的犯罪分子所实施的。观察显示，绝大部分犯罪者的犯罪生涯实际上是短暂的。莫菲特将这些个体称作"青少年限制性犯罪者"，与他们形成鲜明对比的是她定义的"终身持续犯罪者"，后者在数量上相对较少。终身持续犯罪者的犯罪生涯开始得更早，并且会持续较长时间。莫菲特在以下术语中区分了这两类犯罪者：

在男孩3岁、5岁、7岁、9岁和11岁时，他们的反社会行为并未显著超出常态。即便到了15岁，这些青少年在违法种类、违法频率以及少年法庭的出庭次数上，与他们学龄时期的情况大体上保持一致。与那些毕生持续犯罪的人不同，青少年犯罪者之所以走上犯罪道路，往往是因为他们难以适应周遭环境的变化。在青春期面临诸多限制的情况下，他们可能误以为反社会行为对他们有利。然而，当采取亲社会行为对他们更为有利时，他们也能够放弃反社会行为。这意味着，他们实际上能够控制自己的反社会行为，仅在认为这些行为可能具有工具性价值时才会采取（莫菲特，1993）。

在探讨犯罪预防的策略层面，一个重要的举措是针对那些极有可能成为累犯或惯犯的人群采取先行措施。这些措施旨在在个体深陷犯罪泥潭之前，引导他们远离不良行为，或在他们的犯罪道路上设置障碍，促使他们重新审视并改变自己的生活轨迹。本章节将重点阐述这一主题。我们首先深入分析"风险因素"，这些因素不仅有助于我们识别出潜在的可能成为累犯或惯犯的人，也为制定针对性的干预措施提供了依据。随后，我们进一步探讨犯罪生涯的发展轨迹以及可能触发犯罪行为的情境因素，以期找到有效的方法，引导这些高风险个体走向正途。

在本章对累犯和惯犯的整体趋势进行了全面探讨之后，我们将焦点对准了一种有效的犯罪率降低手段：认知行为疗法。同时，我们也关注到了导致高犯罪率的一个重要因素——药物依赖。通过对这些关键领域的深入讨论，本章旨在为犯罪预防领域提供一系列具有操作性的策略和方法。

潜在的风险因素和减少犯罪的措施

在过去20年里，降低犯罪风险因素的方法已经获得了普遍接受。这一方法结合了常识、自我报告的犯罪研究、早期启动的基于普通人群样本的儿童行为纵向研究，以及一些针对风险因素富有前景的项目。其核心逻辑直截了当：识别与犯罪行为强烈相关的因素，尤其是那些存在因果关系的因素；从这些因素中筛选出导致犯罪的原因；通过干预改变某些相关因素；寄望于通过这种方式削弱真正的原因，进而减少犯罪率。这种方法也借鉴了公共卫生领域的成功策略，与之有着诸多相似之处。

正如图3.1和3.2所展示，英国针对累犯和惯犯（PPO）的计划聚焦于犯罪风险和风险因素：

这里提倡的是一种分层策略，即根据个人表现出的风险因素以及他们在犯罪生涯中的不同阶段进行分类。那些在儿童时期就展现出众多风险因素的个体将被识别并给予特别关注。对那些展现出风险因素模式的个人或群体进行早期干预，意味着在他们可能陷入严重犯罪之前采取行动。除了对儿童和青少年的普遍干预措施外，各种方案也特别关注那些处于相对高风险的人群。在预测高犯罪概率的风险因素同时，这些方案也预测了其他负面结果，包括学业失败、少女早孕、失业和健康问题。因此，解决与犯罪相关的风险因素被认为能够带来广泛的社会效益。

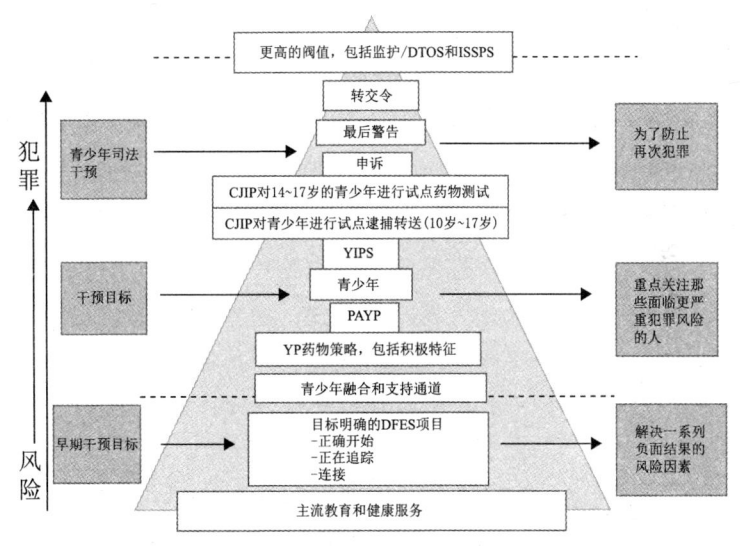

图 3.1　处理许多潜在的、不多的实际惯犯/累犯

注：DTOS 是指拘留和培训令（12~17 岁的监禁）；ISSPS 是指密集的监督和监督计划（对 10~17 岁的年轻罪犯进行最严格的非监禁干预）；CJIP 是指刑事司法干预计划（侧重于与犯罪有关的吸

毒问题）；YIPS 是指青年包容计划（针对 8～17 岁被认定为犯罪参与风险高的人）；PAYP 是指针对年轻人的积极行动（针对 8～19 岁有社会排斥、犯罪或反社会行为风险的人）。

来源：英国内政部（2004）。

针对那些持续涉足风险性行为以及初涉反社会和犯罪活动的人群，我们所采取的策略将更具目的性和针对性。特别是要对那些徘徊在违法边缘的人员进行及时干预，防止他们滑向犯罪的深渊。

在最终干预层面，对于潜在的重度犯罪参与者，我们将逐步实施刑事司法措施，以引领他们走向守法的生活道路。这些措施由轻到重，分层递进，仅在较轻措施无效时，我们才会考虑采取更为严格和惩罚性的举措来应对犯罪问题。

图 3.1 和 3.2 展示的犯罪减少方法，提出了一种从几乎不涉及犯罪风险的人群（位于金字塔底部）到深度参与犯罪活动的人群（位于金字塔顶部）的连续谱系。该方法的理论基础包括：通过提供强有力的普及性服务最有效地预防犯罪；尽早识别并针对那些有犯罪风险的人群实施干预；随着个体涉入犯罪程度的加深，我们的干预策略应逐步加强。对于那些深陷犯罪生涯之中的人，我们将准备采取惩罚性措施和成本较高的个性化治疗方案。

```
犯罪风险
```

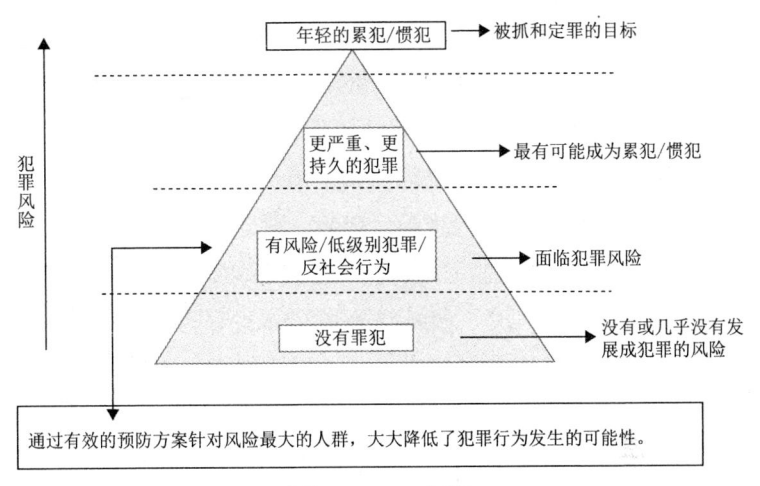

```
                   年轻的累犯/惯犯 ──▶ 被抓和定罪的目标
                  ╱                ╲
                ╱ 更严重、更      ╲ ──▶ 最有可能成为累犯/惯犯
              ╱   持久的犯罪       ╲
            ╱                       ╲
          ╱   有风险/低级别犯罪/     ╲ ──▶ 面临犯罪风险
        ╱         反社会行为          ╲
      ╱                                 ╲
    ╱           没有罪犯                  ╲ ──▶ 没有或几乎没有发
  ╱                                         ╲    展成犯罪的风险
```

通过有效的预防方案针对风险最大的人群，大大降低了犯罪行为发生的可能性。

图 3.2　PPO 框架

来源：英国内政部（2004）。

干预风险因素的逻辑与干预目标

为了更清晰地理解风险因素干预的逻辑，区分存在标记与实际原因至关重要（参见法林顿，2007）。以看牙医的频率与参与犯罪行为之间的关联为例，我们原本没有理由相信这两者之间存在直接的因果关系。然而，如果我们考虑到儿童因被忽视而减少了看牙医的次数，那么这种情形可能与犯罪行为存在某种间接联系。但即便如此，儿童被忽视并不直接导致犯罪行为。探究从被忽视到青少年犯罪之间的可能机制，我们至少可以推测，这种联系可能涉及以下几个方面：缺乏父母监管可能导致儿童更容易涉足犯罪活动；被忽视的状态可能创造了犯罪的机会，或促使他们寻求犯罪团伙的接纳；犯罪可能为他们提供外部奖励，如通过财产犯罪获得的金钱，以及内部奖励，如在一个提供情感支持的团体中的归属感。此外，饮食习惯，如过量摄入含糖食品，可能导致追求即时满足的习惯（这种习惯也可能伴随着牙齿问题），从而使得这些孩子倾向于寻求快速但短暂的回报，正如犯罪可能提供的回报，而不是遵守法律和辛勤工作所带来的长期但稳定的成果。因此，缺乏定期的牙科护理可能成为犯罪风险增加的一个标记，但这并不意味着它就是犯罪行为的根本原因。同样，提高牙科就诊率或提供更容易获取的牙科服务，并不能直接减少犯罪参与的可能性。牙科就诊率与犯罪行为之间的任何关联，最多只能帮助我们识别出犯罪风险较高或较低的特定人群。

这些标记与原因之间的关系如图3.3所示。

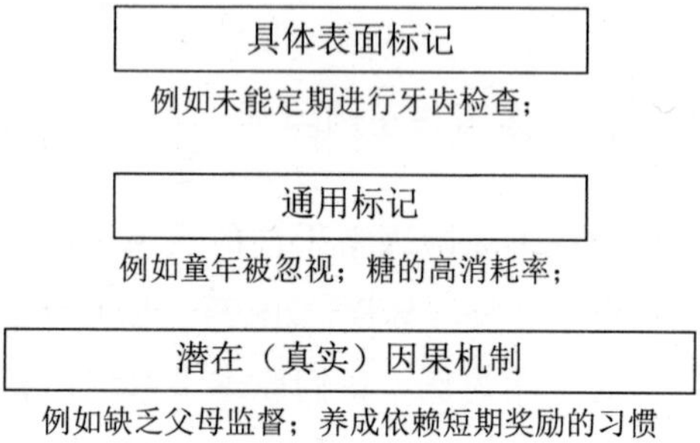

具体表面标记
例如未能定期进行牙齿检查；

通用标记
例如童年被忽视；糖的高消耗率；

潜在（真实）因果机制
例如缺乏父母监督；养成依赖短期奖励的习惯

图3.3 犯罪标记和潜在原因

在多数情况下，降低犯罪风险的策略是基于普遍的风险因素构建的。尽管在风险因素的研究文献中，这些因素与犯罪之间的确切联系往往未被深入探讨，但它们之间的表面关联是隐含在一个基本概念之中的：即通过解决这些普遍的风险因素，政策和实践措施将在某种程度上触及潜在的因果机制。大卫·法林顿（1996；2007）回顾了大量文献，并确定了一些犯罪风

险因素:

- 注意力不集中、冲动大胆;
- 智力和成就低;
- 父母监督不力、遵守纪律情况不稳定以及苛刻、虐待儿童;
- 没有母亲的破碎家庭;
- 父母感情不和;
- 有犯罪、反社会行为和酗酒的父母;
- 经济匮乏,特别是来自低收入家庭和贫民区的人;
- 机会。

洛伯等人(2006)在关于匹兹堡的纵向研究中计算了标准风险因素的数量,他发现人越多就越有可能表现出更多的暴力行为。

弗拉德佩奇等人(2000)采用自我报告的方法进行了一项研究,该研究比较了男性和女性在青少年时期遭受严重且持续的犯罪行为的风险因素。他们的发现如表3.1所示。

表3.1 男性和女性青少年持续犯罪的危险因素

	男性	女性
过去12个月(12~17岁)的吸毒	5.4	5.0
身边的有违法者	3.6	6.0
定期饮酒	3.0	5.7
被学校开除	2.2	2.2
单亲家庭	1.6	1.0
离异家庭	1.5	2.3
严重和持续违法者(所有年龄段)%	12%	14%

来源:弗拉德佩奇等人(2000)。

迄今为止，对犯罪生涯影响最深的研究之一来自英国，该研究在探讨风险因素方面做出了显著贡献。这是一项针对1953年出生于伦敦南部工人阶级社区的411名男性的纵向研究。研究人员首次与这些男性接触是在他们8至9岁时，最近的一次跟进则是在他们大约55岁时（法林顿等人，2006）。这项研究在很大程度上阐明了以风险为中心减少犯罪努力的潜在效用，同时也揭示了其中的一些关键局限性。

据称，8~9岁的关键风险因素包括以下个人、家庭、学校和经济因素的组合：

- 破坏性的儿童行为（例如制造混乱）；
- 家庭成员有犯罪经历（例如，被定罪的父母，违法的兄弟姐妹）；
- 智商低或学业成绩差；
- 家庭因素，包括养育不良的孩子、家庭混乱和未成年就拥有子女；
- 大胆、冲动或注意力不集中；
- 经济匮乏（例如低收入，住房匮乏，家庭规模大）。

这些因素均与犯罪生涯的四种主要模式密切相关，分别为：顽固型（在21岁前后有定罪记录的人群），抛弃型（仅在21岁之前有定罪记录的人群），晚发型（仅在21岁或之后有定罪记录的人群），以及未定罪型（在50岁之前无任何定罪记录的人群）。

表3.2展示了南伦敦样本群体在50岁之前所展现的四种不同的犯罪模式，这与他们在8至9岁时所展现的风险因素数量（即脆弱性得分）以及当时的"问题行为"程度密切相关。

表 3.2 风险因素和犯罪模式

风险评估分数	未定罪型	抛弃型	晚发型	顽固型	总数
0	110	13	13	16	152
1	68	18	15	11	112
2	44	8	2	18	72
3	9	8	4	16	32
4~5	6	6	4	16	32
困难程度					
低	111	8	11	12	142
低平均值	64	12	13	17	106
高平均值	31	13	7	14	65
高	31	20	7	27	85
总数	237	53	38	70	398

根据法林顿等人（2006：60）计算的数据。

该表格揭示了"假阳性"与"假阴性"的问题。假阳性指的是那些被评估为可能从事严重犯罪活动并因此接受强化预防措施，但实际上并未继续这些活动的人；而假阴性则是指那些实际上实施了严重犯罪行为，但在风险评估中未被识别为高风险的个体。根据表格数据，在398名被追踪至50岁的个体中，有70名被归类为顽固型，他们本可以被早期识别并采取措施以阻止其长期的犯罪行为。在32个风险最高的个体中（即那些显示出4个或5个风险因素的个体，被视为预防服务的重点对象），恰好有一半的人属于假阳性，因为他们并未持续从事犯罪活动。研究显示，只有16人实际上有持续的犯罪行为，这仅占

70名顽固型的23%。这表明，如果仅针对这些高风险个体进行预防工作，将会有超过75%的实际持续犯罪者（即假阴性者）被遗漏。

在尝试减少干预中的假阴性数量时，选择较少的风险因素会导致假阳性数量（及其比例）的增加。例如，若将阈值设定为三个风险因素，就会有62人成为关注对象。这样的做法将包括25名后来成为顽固型的个体（约占70名顽固者的1/3以上，意味着遗漏了2/3而非3/4的假阴性者），但同时也会对37名未继续从事持续犯罪的人进行干预。因此，在这62名关注对象中，约有60%为假阳性。

表3.2同时揭示了一个引人注目的现象：在70名顽固型中，有27人（即1/3）在8至9岁时并未展现出或仅展现一个风险因素。这一发现从实际角度强调了基于风险因素减少犯罪的策略很可能会遗漏大量的假阴性案例。

图3.4利用法林顿等人（2006）的数据，展示了样本中8至9岁时的风险因素数量，以及在不同阈值下进行目标干预时真阳性、假阳性和假阴性的分布情况。仅凭存在一个风险因素，就有许多人成为干预目标，但其中大多数人最终并不会成为惯犯或累犯，因为大多数这样的犯罪者已经被包含在内。实际上，在南伦敦的样本中，只有1/3的人没有展现出任何风险因素。当以4个到5个风险因素作为阈值时，目标人数大幅减少，但假阴性的代价可能会非常高昂。即便如此，这其中有一半的阳性结果仍然是错误的。

假阳性和假阴性引发了一系列问题。针对假阳性的干预效率低下，而减少犯罪的可能性则受到假阴性的限制。在有限的资源下，我们能够容忍的假阳性数量越多，真阳性的比例就越低；反之，假阳性越少，真阳性数量越高，但遗漏的潜在犯罪者也会更多。在南伦敦的研究中，确定目标的方法相对粗糙，且是基于预设的风险因素。此外，我们假设某些干预措施能够减少潜在犯罪者的持续犯罪行为，同时也避免了无意中将某些人引入犯罪生涯的风险。许多人担忧所谓的标志效应，即对特定人群的干预可能会使他们内化所赋予的属性（布洛克和蒂利，2003a）。始终存在这样的风险，即一些假阴性者可能因为被纳入目标服务而转变为真阳性者。最后，重要的是要认识到以风险为中心的干预措施对整体犯罪水平的影响是有限的。虽然顽固型可能是犯罪行为最为频繁的群体，但这并不意味着他们在所有犯罪活动中占据了很大比例。许多犯罪是由偶发的犯罪者或只有短期犯罪生涯的人实施的。预防这些犯罪需要采取相当不同的策略，而这些策略并不专注于风险因素。

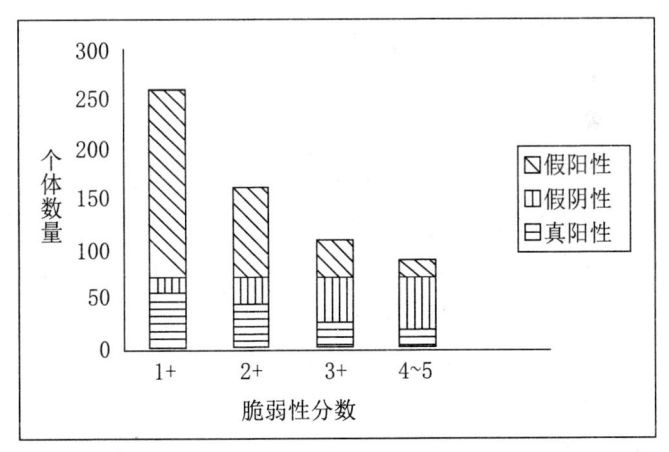

图3.4　基于风险因素来减少犯罪的干预措施：真阳性、假阳性和假阴性
数据来自法林顿等人（2006：60）。

在实践中的预防性警察巡逻计划通常要求目标选择并非基于研究的风险因素方法，而是依赖于专业人员的判断。我们尚未明确这种方法在减少假阳性或假阴性方面是否或如何优于简单地量化风险因素的数量。对一项聚焦于帮派犯罪的倡议进行的观察发现，该方法试图通过专业判断来识别和干预那些属于帮派或有可能涉足帮派的人员。然而，最终发现参与目标选择的工作人员之间存在显著分歧，因为许多人被认为具有一定风险，而在确定最终关注对象的过程中存在一定程度的任意性（布洛克和蒂利，2003a）。

同样值得注意的是，采用风险因素方法的目的不仅是减少犯罪，还包括更广泛地改善年轻人的生活机遇。在这方面，重点往往放在有犯罪风险年轻人上，旨在帮助他们发挥潜力，并希望他们同时减少参与严重犯罪的可能性。

关怀社区项目包含了一个以风险为重点的预防计划，这种方法在国际上得到了广泛应用。它被定义为"一个旨在建立更安全社区的长期计划，其中儿童和年轻人受到重视、尊重，并被鼓励实现他们的潜力"（兰曼，2005：5）。该计划基于研究，针对风险和保护因素，旨在减少学校失败、青少年怀孕、性病的传播、药物滥用、暴力行为和犯罪。

在其英国版的《有希望的方法指南》中（兰曼，2005），列出了一系列广泛的风险因素，这些因素与不同的影响领域相关联，包括家庭、学校、社区、个人、朋友和同伴群体：

家庭风险因素
- 监督和纪律不力
- 家庭冲突

- 有问题行为的家族史
- 家长参与/态度容忍问题行为
- 低收入和贫困住房

学校风险因素

- 自小学伊始成绩差
- 有攻击性行为，包括欺凌
- 缺乏承诺，包括逃避
- 学校混乱

社区风险因素

- 弱势的社区
- 社区混乱和忽视
- 药物的可用性
- 高犯罪人口和缺乏邻里依靠
- 低"集体效能"（社会凝聚力/非正式社会控制）

个人/朋友/同伴风险因素

- 与亲朋好朋疏离和缺乏社会认同
- 容忍问题行为的态度
- 早期参与问题行为
- 有参与问题行为的朋友
- 智力低下
- 焦虑和不善社交

这是一系列纷繁复杂的影响因素，涵盖了个人特质（例如智力水平）、经济和社会状况（例如低收入和劣质住房）、背景社会经验（例如父母是否有犯罪行为）、直接生活环境（例如毒品的可获得性）以及实际的反社会行为（例如攻击性行为）。这些因素看似与犯罪行为有所关联，且部分得到了证据的支持。然而，它们单独或共同作用，以及相互作用背后的因果机制往往未被明确阐述或考虑。因此，这种方法在理论支撑方面存在不足。

与这些风险因素相对的是所谓的"保护"因素。这些因素与那些与犯罪行为相关的负面因素相对立，其引入旨在关注那些可能抑制犯罪行为或促进合法行为的因果机制。保护因素通常与以下领域相关联：

- 健康的行为（有助于培养健康，负责任的成年人）
- 明确的标准（来自家长、教师和社区）
- 社会联系（对那些制定明确标准并激励遵守这些标准的人的依恋）
- 保护流程
- 参与的机会，感受到家庭、学校和社区的重视
- 社交和学习技能，以利用提供的机会
- 认可和赞扬积极的行为，鼓励他们继续进步

关怀社区促进了有望减少风险因素供应和增加保护因素供应的计划。例如，指导据说可以减少以下确定的风险因素：

- 低收入/贫民窟
- 自小学伊始就成绩差
- 攻击性行为，包括欺凌
- 容忍问题行为的态度
- 过早参与问题行为
- 有亲朋好友犯罪行为

指导也显然可以提供以下保护因素：

- 社会联系
- 健康标准
- 参与机会
- 社交/学习技能
- 认可/赞扬

对于每个领域的每个风险因素，都会审查不同干预措施的有效性证据，旨在编制一份基于证据的指南，以减少犯罪风险因素。表3.3展示了关怀社区对家庭领域风险和保护因素干预措施的概览，其中英国已经对所谓的"有前途的方法"进行了评估。

像关怀社区这样被广泛采用的项目的一个显著优势在于，它们能够动员众多机构和组织参与其中，这些机构不仅能够为项目做出贡献，同时也可能通过参与来实现自身的目标。正如表3.3所示，卫生、教育和社会服务部门均有能力为家庭领域提供经过验证的风险和保护因素干预措施，从而为整体努力做出贡献。此外，对于那些为相同或互补的地方综合计划做出贡献的机构来说，通过协同合作，它们不仅有助于推进各自的使命，还能够增强整体成效。

表3.3 英国针对潜在家庭风险因素开展的评估方案

风险因素解决	程序类型	健康水平	社会联系	机会	技巧	认知	发展时段（岁）
父母的监督和纪律不善	产前服务	√	√	√	√	√	0
	早期发现和治疗产后抑郁症	√	√	√	√		0~2

续表

风险因素解决	程序类型	健康水平	社会联系	机会	技巧	认知	发展时段（岁）
	早期检测语音和语言延迟	√	√	√	√	√	2~6
	家庭支持使用家访	√	√	√	√	√	0~2
	育儿通知和支持	√	√	√	√	√	所有
	帮助有特定学习困难的儿童	√		√	√	√	2~11
家庭矛盾	早期治疗言语和语言延迟	√	√	√	√	√	2~6
	家庭支持使用家访	√	√	√	√	√	出生~2
	育儿通知和支持	√	√	√	√	√	所有
	帮助有特定学习困难的儿童	√	√	√	√	√	2~11
家庭历史中存在问题行为	产前服务	√	√	√	√	√	产前~2
	用家访的方式提供家庭支持	√	√	√	√	√	产前~2
	学前教育	√	√	√	√	√	3~5
	参与家庭教育	√	√	√	√	√	0~6
产前干预/宽容问题行为的态度	产前服务		√	√		√	产前
	用家访的方式提供家庭支持	√	√	√	√	√	产前~2
	产前通知和支持	√	√	√	√	√	所有

续表

风险因素解决	程序类型	健康水平	社会联系	机会	技巧	认知	发展时段（岁）
	参与家庭教育	√	√	√	√	√	0~6
低收入/贫民区	产前服务	√	√	√	√	√	产前
	用家访的方式提供家庭支持	√	√	√	√	√	产前~2
	学前教育	√	√	√	√	√	3~5
	参与家庭教育	√	√	√	√	√	0~6

犯罪轨迹和转折点纵览

虽然以风险因素为核心的犯罪预防策略引起了广泛兴趣，但其地位并非未受到挑战。正如公共卫生领域内对"风险因素学"的流行方法所提出的批评一样，越来越多的人对追寻犯罪风险因素并将其作为犯罪预防工作焦点的做法提出了质疑（荷马，2005：86）。

有些人对以下观点持怀疑态度：早期经历的风险因素往往决定个人将沿着某一方向发展，因此，犯罪预防工作的目标就是处理这些风险因素，引导那些可能走向犯罪道路的人转向正途。相反，犯罪行为（以及合法行为）的发展被认为是对一系列遭遇事件的复杂反应，路径更为曲折。那些看似遵守法律的个体可能会偏离正轨，正如那些看似注定要持续犯罪的人也可能改变生活轨迹。当然，这并不意味着早期风险因素没有预测价值，而是说它们可能影响个体在未来不同情境下采取不同行为的概率，而这些情境的直接影响可能会激发或抑制个体的犯罪行为。

劳布和桑普森（2003）报告了一项可能是关于开始、持续和停止犯罪行为的最长期和最详细的纵向研究。他们基于谢尔顿和埃莉诺·格鲁克最初追踪的波士顿大型样本进行研究。格鲁克夫妇在这项研究中确定了500名男性犯罪者和500名年龄在10至17岁之间的男性非犯罪者，这些男性均出生于1923年至1932年之间。格鲁克夫妇对他们进行了长达25年的生活追踪，并记录了详细信息。劳布和桑普森在20世纪90年代中期继续对这部分犯罪群体进行研究，并进一步收集数据进行分析。他们还对其中52名男性进行了多次的深入访谈。

劳布和桑普森的研究结论指出，所谓的"转折点"与个人生活中的机构互动、事件、情境和历史背景的综合作用对于塑造个体的犯罪轨迹至关重要（劳布和桑普森，2003：36）。他们特别强调了意图性的作用，发现男性在面对不同生活情境时的反应（有时是在无意识中）并非仅仅由早期童年经历或生物属性所决定，而是他们在犯罪生涯的起点上的选择。劳布和桑普森对那种试图将少数注定成为"终身"犯罪者的青少年与更多"青春期限定"的犯罪者区分开来的观点提出了批评。正如莫菲特（1993）所提议的那样，他们没有找到支持这种区分的证据，因为绝大多数犯罪者在最终都被社会所放弃。此外，劳布和桑普森的研究揭示，在塑造不同犯罪生涯路径的过程中，突发事件扮演了关键角色。这些事件为个体在某些情境下的选择提供了背景，尽管它们只是众多因素中的一部分。例如，对于这些人来说，就业、婚姻或参军等生活事件构成了他们做出选择的背景，并且在这些领域的变化往往成为了他们生活轨迹的主要转折点。这些人在这些方面的不同经历导致了他们选择模式的差异。选择模式的主要形成机制与建立的社会联系类型、日常活动的模式、直接社会控制的经历、现行的规范假设以及这些男性所培养的个人身份密切相关。就业和婚姻状况的变化为一种新的生活情境奠定了基础，在这种情境下，先前参与犯罪行为的倾向可能会被新的选择所替代。

劳布和桑普森就犯罪行为的终止发表了以下观点：

总体而言，犯罪行为的成功终止往往发生在犯罪的直接诱因受到干预之时。在终止犯罪的过程中，一个关键要素在于将犯罪者从他们原有的直接环境抽离，并向他们指明一条新的生活道路（劳布和桑普森，2003：157）。

轨迹和转折点的方法论关注并力图阐释在犯罪相关情境选择中起作用的机制，而相比之下，风险因素方法则着眼于犯罪与其他变量之间的关联性，却不过分关注这些因素之间如何相互作用。

罗斯·荷马（2005）探讨了从理解犯罪生涯的轨迹和转折点方法中衍生出的预防策略。他指出，个体在过渡模式上的变化各不相同，但也强调了这些模式之间存在共通的转折点。每个转折点都为个体提供了继续沿当前路径前进或改变方向的可能性。这种转变可能指向犯罪行为，也可能远离犯罪。转折点和与之相关的潜在转变可以通过多种方式触发：例如，离婚、家庭成员的去世、搬家、参与不良"游戏"小组或学校、新教师的到来、参加夏令营、转学、离家、开始或结束一段伴侣关系、遭受性虐待、严重疾病、因犯罪被捕、加入帮派、进入或离开寄宿家庭等。每一种情况都为个体提供了新的机遇和选择。

至于结果如何，将取决于转折点的具体情境以及个体的选择。

某些关键的转折点，如入学、转学、辍学、就业启动以及建立亲密关系，通常被视为生活中的重要时刻，它们可能引导个体走向不同的人生路径。这些转折点的方向并非完全由先前的情境所决定，而是受到先前情境的影响，同时个体在转折点上仍有选择的空间。转折期的重要性在于，它们为个体提供了可能增加犯罪行为的倾向，同时也为那些已有犯罪行为的个体提供了远离犯罪的机会。因此，政策与实践的启示是，我们应该特别关注这些转折点，并致力于防止非犯罪者滑入犯罪道路，同时帮助犯罪者和反社会行为的个体转向合法行为。

荷马提倡的不是对所有潜在转折点实施一套标准的干预措施，而是主张采取针对性强的措施，以细致和体贴的方式对待年轻人，尤其是那些显示出犯罪倾向的年轻人。对于这部分人群，提高对转折点潜在风险和机会的认识，以及系统性的关注，有望成为有效的干预点，从而将原本可能带来负面影响和风险的经历转变为积极的发展机遇。对于那些经历特别危险转折点（如受虐待或遭受性侵犯）的个体，当然需要常规的关注和干预。

以诺曼的故事（见附件 A）为例，尽管他几乎没有任何明显的风险因素，但他仍处于不良生活方式的边缘。正是警方的逮捕行动成为了一个决定性的事件，使他放弃了看似已经开始的犯罪生涯。诺曼的背景影响了他的选择，而其他有着不同背景和家庭成员对逮捕不同反应的人可能会有截然不同的结果，他们的犯罪生涯可能会因此得到加强。

采用轨迹和转折点的方法来理解犯罪生涯并识别潜在的干预点，在理论上是一项复杂的任务，它需要建立在坚实的研究基础之上。到目前为止，尽管实践上的有效性尚不明确，与以风险因素为重点的预防措施相比，这一方法缺乏一套经过充分研究的历史实践作为参考。

针对个体认知行为的治疗和干预[1]

认知行为疗法已被广泛用于处理一系列问题行为，也包括那些与犯罪有关的行为。它出现于20世纪70年代中期，借鉴了心理学中两个相互对立和竞争的传统，即一个与行为及其矫正有关，另一个与认知有关。每种传统在内部都有很大的差异。从广义上讲，前者对内部过程并不感兴趣，它的重点是动物和人的行为。后者则主要关注的是人们如何感知和理解他们自己和他们周围的世界，而对他们所做的事情兴趣不大。前者倾向于自觉的科学，非常强调观察。后者则更倾向于人文主义，强调解释学方法。前者对内向性和任何不能被看到和测量的东西都持怀疑态度。后者则对那些没有认识到人的内在一面的描述持怀疑态度，即人不只是机械地做出反应；相反，他们是有思想、有感情的人类。前者的治疗重点是改变作用于人的环境，这引起了反复出现的行为。后者的治疗重点是通过帮助人们改变自我意识来改善不快乐的意识产生。

认知行为理论融合了行为主义的环境影响行为理念与认知心理学的内部心理机制介导概念。它认识到环境的重要性，同时强调人是如何处理这些环境因素来决定其影响的。简而言之，我们的思想和情感在我们的经验反应中扮演着关键角色。

对于那些习惯了通过犯罪、酗酒或暴力行为来应对问题的潜在犯罪者，认知行为方法旨在解决那些导致犯罪行为模式的认知缺陷和错误推理。这种方法包括教授罪犯如何更准确地解读所面临的情境，培训他们的问题解决技能和愤怒管理技巧，以便他们面对挑战时能作出更适宜的反应，例如减少攻击性。通过治疗，罪犯学会了不将他人的行为误认为侮辱，并在愤怒升级为攻击行为之前学会控制情绪，同时也避免了用暴力解决问题。

在对罪犯的认知行为治疗中我们使用了各种技术。这些技术包括，例如，"系统脱敏"，向受试者展示以前曾引发犯罪的刺激物，然后放松这些刺激物，以便这些刺激物不再刺激他们产生不想要的行为的感觉；教导"透视"，这是一些罪犯所缺乏的能力，这种能力可以让他们更加通透地看待所遇到的问题，以便将其考虑在内；对罪犯以前以不适当的犯罪方式做出反应的情况进行"示范"（也许是对以前的犯罪示范做出的反应）；以及"指导"适当的行为而不是不适当的行为，并向被试者反馈他们的成果。

不同的罪犯面临的认知缺陷各异，因此，纠正他们错误思维所需的治疗方法也需因人而异。此外，考虑到受试者动机水平的差异，他们对治疗的接受程度同样至关重要。

在英格兰和威尔士，1999年至2002年期间的"减少犯罪计划"中，通过缓刑服务局实施了一系列基于认知行为原则的标准化方案。这些方案包括"思考第一"（做事前先思考）、"推理与康复"（对要实施行为先行推理如发现不良，进行修复）、"强化思考技能"（强化实施行为前先进行思考这一技能）、"一对一牧师指导"（牧师以一对一的方式进行指导），以及"解决与物质相关的犯罪"（霍林等人，2004）。其中大部分方案是以团体形式进行的，包含一系列标准化的课程。例如，"思考第一"包含22个两小时的课程,"推理与康复"包含38个两小时的课程,"强化思考技能"包含10个两小时的课程,而"一对一牧师指导"则是为那些被认为不适合团体工作的人(或在缺乏团体工作资源的地方)提供的,采用相同的认知行为原则,但通过20个一小时的课程进行。尽管团体工作方案的整体完成率较低(介于21%至38%之间),个人方案却显示出较高的完成率,达到了70%。在对5个项目中的2230名实验组成员与2645名对照组成员进行比较后发现,这些方案的整体效果并不尽如人意。完成者的重新定罪率在男性中仅略低于对照组,而在女性中则有所上升(男性为54%,女性为60%;对照组男性为56%,女性为50%)。未完成者的重新定罪率则显著较高(男性为68%,女性为77%)。关于认知行为方案的整体研究结果存在分歧(弗兰德和德宾,2006;麦克杜格尔等人,2006)。

最近一份关于使用认知行为干预措施预防青少年参与帮派活动的《科克伦审查报告》摘要指出,除了呼吁进行进一步的评估研究外,目前尚无确凿结论。

研究指出,相较于非帮派青少年和非帮派犯罪青少年,参与帮派的青年更易涉足违法犯罪活动,尤其是严重犯罪和暴力犯罪。此外,犯罪青少年以及帮派成员在思想、情感和信念方面,往往展现出一系列消极特征,与非犯罪同龄人形成鲜明对比。针对这些认知缺陷的认知行为干预,对儿童和青少年各种行为及心理障碍的治疗显示出积极效果。本系统综述旨在评估这些干预措施在预防青少年帮派参与方面的有效性。但是,采用三部分构成的搜索策略后,并未发现关于认知行为干预在帮派预防方面的有效性(无论是随机对照试验还是准随机对照试验）。虽有四项研究探讨了帮派反抗教育和培训的影响，但由于其质量不佳，未能被纳入分析。因此，本次审查得出的唯一结论是，我们迫切需要更多初步评估来探讨认知行为干预在帮派预防中的作用，并强调进行高质量研究的重要性。只有这样，我们才能提供有意义的调查结果，为未来的方案和政策制定提供指导（费舍尔等人，2008）。

认知行为方法的一个潜在局限可能是它假设重复犯罪源于认知缺陷，但这一假设对许多罪犯来说可能并不适用。即便如此，改变思维模式仍是一项挑战，特别是在向团体所有成员提供标准化课程的情况下。尽管认知行为方法以其相对快速和低成本而受到推崇，但如果其效果不理想，最终我们可能一无所获。

针对个体戒毒治疗和干预

将戒毒治疗作为犯罪预防策略的原因（与戒毒治疗的其他理由相比）是，吸毒会以各种方式推动犯罪发生。有三种基本的犯罪产生机制与吸食毒品有关。第一种是吸食某些毒品可能使个人产生犯罪行为的方式，特别是暴力行为。第二种机制是由于个人对毒品的依赖从而导致个体需要大量的资金来购买毒品，而许多吸毒者只能通过犯罪来筹集资金。第三，由吸毒者支持的市场产生了毒品贩运，以及相关的犯罪活动，包括为保护和从事贩毒生意的严重暴力行为和毒品销售点的暴力行为。

在处于犯罪高峰期的人群中，吸食毒品是相当普遍的现象。2005~2006年英国犯罪调查发现，在英格兰和威尔士，大约有45%的16至24岁的人在他们生活中的某个阶段服用过一种或多种非法药物，25%的人在去年吸食过毒品，15%的人在最近一个月吸食过毒品。不仅在英国有这种普遍的情况,在其他国家也有大量的证据表明,非法药物的服用和财产犯罪之间存在联系(国家药物管制政策办公室,2000;马凯和佩恩,2003;弗拉德佩奇等人,2000)。例如,表3.4摘自霍洛韦和贝内特(2004)的研究,它表现出了对英格兰和威尔士的被捕者进行毒品测试的结果,也显示了一些因犯罪类型而产生的差异。例如,在抢劫案的被捕者中,可卡因/摇头丸的发现率几乎是鸦片制剂的两倍(30%对17%),但在商店行窃的被捕者中发现鸦片制剂的人数几乎是可卡因的两倍(63%对32%)。总体而言,2/3的入店行窃被捕者被发现服用过海洛因、可卡因或摇头丸,1/4的机动车盗窃也服用过类似的药物。

这种关系是否是一种简单的因果关系,即毒品会导致犯罪目前还尚不明确。从另一角度看,犯罪也可能导致吸毒,因为犯罪提供的资源为参与吸毒提供了必要的资金。对少数人来说,经常吸毒可能是混乱生活方式的一部分,这种生活方式也包括参与犯罪。但需要指出的是,不是毒品本身导致了犯罪,而是这种混乱的生活方式造成了犯罪的产生,这其中包括了很多其他因素(麦克斯威尼和霍夫,2005:571-2)。

表3.4 英格兰和威尔士被捕者的药物测试结果

逮捕原因	逮捕数量	鸦片%	可卡因/摇头丸%	海洛因/可卡因/摇头丸%
入店行窃	468	63	32	67
入室盗窃	193	38	26	47
扒窃	12	25	33	42

续表

逮捕原因	逮捕数量	鸦片%	可卡因/摇头丸%	海洛因/可卡因/摇头丸%
毒品持有	231	25	28	42
毒品供应	59	24	29	39
处理偷来的财物	35	34	20	37
从机动车中盗窃财物	31	29	19	36
抢劫	60	17	30	35
诈骗	100	23	18	28
盗窃机动车	143	15	15	24

来源：霍洛韦和贝内特（2004：12）。

现在人们普遍认为，更复杂的毒品与犯罪的因果关系在起作用（马凯和佩恩，2003；麦克斯威尼和霍夫，2005；塞登，2007）。偶尔的吸毒行为（尤其是大麻）和财产犯罪有关，这在个体的青少年时期是非常正常的。更多定期的轻度财产犯罪可能会使毒品的使用量增加和更严重，因为毒品变得可负担得起。高比率的毒品使用最终会在一些人中产生依赖性。对毒品的依赖产生了定期筹集大笔资金的需要。筹集这些资金的一个关键方法可能包括高概率的财产犯罪以及参与毒品贩运。许多参与其中的人会成为瘾君子，他们有着共同的离经叛道和自我毁灭的生活方式，高强度的吸毒和围绕它的犯罪也会因此产生。此外，一些毒品（包括对超过一定年龄的人来说通常不是非法的酒精）可能会使人产生攻击性，从而导致暴力犯罪。吸毒者获取毒品的需求也可能引发对供应商的暴力行为。此外，非法毒品市场是由偶尔吸食毒品和大量吸食毒品的人来维持的，它吸引了严重的犯罪分子，并且他们会努力保护和接管毒品供应路线，因此也会涉及到重大的有组织犯罪。毒品市场一旦建立起来，那些从当地市场获益的人就会有兴趣与新的顾客群一起维持这个市场，这些人可能被有助于培养依赖性的低价毒品所吸引。

药物依赖者往往具有不同的属性和需求（马斯登和法雷尔，2002；国家药物滥用研究所，2006；审计委员会，2002）。戒断的动机、吸食毒品的频次、医疗和心理问题、经济和社会环境以及依赖程度都有很大不同。这其中没有一种被认为是适合所有人的标准治疗方法。因此，我们需要根据个体需求进行调整。

在为犯罪者提供治疗并接受治疗的情况下，尽管相同的治疗会有差异很大的结果，但犯罪水平却有所下降（审计委员会，2002）。如果那些接受治疗的人不恢复他们吸毒和犯罪的习惯，那么治疗就必须持续下去（马斯登和法雷尔，2002）。因为他们在同伴的影响下，很容易复吸，所以他们所需要的通常是最初的解毒治疗，然后是维持治疗（例如用美沙酮作为海洛因的替代品），接着是减少剂量，之后是旨在预防复发的服务。在这一阶段，我们经常使用上一节讨论的那种认知行为方法来进行干预（国家药物滥用研究所，2006）。

在所有阶段和所有类型的治疗中，一个主要问题是吸毒者的辍学率很高，尤其是那些生活方式混乱的人（麦克斯威尼和霍夫，2005；哈珀和奇蒂，2005；斯科德博等人，2007）。正是因为与吸食毒品有关的高犯罪率，人们引入了强迫或强制因素，以激励罪犯进入、参与和完成持续的药物治疗课程（塞登，2007；国家药物滥用研究所，2006；斯科德博等人，2007）。我们在一些研究中发现，这些措施能够在治疗中产生更好的保持效果，并可能减少吸毒和犯罪行为（斯科德博等人，2007），但全面的研究结果既不一致也不明确（塞登，2007）。其基本的结论是，在每个阶段，参与治疗和符合治疗的行为所带来的好处超过了从毒品和默许诱惑中放弃的成本，而这些诱惑来自毒品使用者通常交往的群体（弗里舍和贝克特，2006）[2]。

潜在道德和伦理问题

对于罪犯的治疗，尤其是在强制或胁迫的情况下，引发了重要的伦理考量。从功利主义的角度来看，强制治疗的合理性取决于其是否能够带来总体上的益处。如果治疗的结果不能产生净效益，那么这种做法就失去了其正当性。然而，这一论点存在两个主要的缺陷。首先，尽管存在一些证据表明强制治疗可能带来好处，但这些证据并不足以构成决定性的证明。其次，这种做法忽视了罪犯作为拥有权利和责任的道德主体的地位。个人有权做出选择，并应基于这些选择受到评价和对待。虽然他们可能因为行为而受到惩罚，但若被强制接受治疗，他们作为道德主体的尊严就被剥夺了。他们理应拥有选择治疗的权利，甚至可以被劝导去接受治疗。但是，如果治疗是强加给他们的，那么对他们作为人的基本尊重就被忽略了。

也许有人会说，如果一些罪犯的行为是由某种内部或外部力量非自愿造成的，并且使他们无法选择以任何不同的方式行事，那么他们作为道德主体的地位就被推翻了。然而，除了极少数的罪犯之外，似乎没有什么证据表明现实情况确实如此。虽然将一些犯罪者医学化可能是合理的，因为对他们来说，一些具体的、确定的生理异常的因果因素在起作用，但从行为中推断出医学状况是更有问题的，因为它可能只是用伪科学的语言来掩盖道德判断，而道德判断将要求个人被当作一个道德代理人来对待。如果有一些具体的生理原因，当强加的治疗可能不符合主体的利益时，就会出现困难（尽管它符合社会其他人的利益）。强制性治疗似乎也违反了医疗中对个体知情同意的正常要求。在这种情况下，吸毒成瘾产生了一个难题。吸毒成瘾是否意味着道德的沦丧？即使导致吸毒成瘾的行为在某种程度上是合乎道德的（吸大麻止痛）选择的，我们是否可以这么做？对某些人来说，情况可能是这样的，尽管对许多其他人来说，某种程度的选择可能仍然存在，正如对许多其他类别的人一样，但他们的选择会以某种方式受到限制。

在考虑社会整体利益时，给予犯罪者选择接受治疗而非单纯惩罚的机会，似乎会引发较少的伦理问题。然而，以更重的惩罚相威胁，确实有可能将个人视为达成社会目标的工具，这种做法对个体不公且缺乏尊重，因此不应被鼓励。

此外，在为罪犯提供治疗时，我们面临着一个分配正义的难题。鉴于治疗资源有限（塞登，2007），如果罪犯有机会选择治疗，我们凭什么理由让他们优先于那些未犯罪但有着相似需求的人呢？这种做法可能无意中为犯罪行为提供了一种不正当的激励，即通过犯罪来获取他们原本无法或只能在将来获得的治疗服务。目前，我们并不清楚罪犯是否比其他群体更有资格获得这些稀缺的治疗资源。如果确实如此，这种情况也应属罕见。

本章总结

尽管许多犯罪行为是由偶尔犯罪的个体在特定时期（如青春期）所实施的，但大量犯罪活动同样是由习惯性犯罪者/累犯所导致的。这些人的多次犯罪行为往往是由于一系列复杂的社会环境因素、个人特质和偶然事件的相互作用所导致。他们构成了一个极为多元化的群体。预测哪些人可能成为习惯性犯罪者/累犯极具挑战性。迄今为止，尚未有确切的策略能够有效降低这一群体的犯罪率，其群体内部的差异也使得找到普适性的对策变得不太可能。因此，寻找这样的策略似乎并不是政策制定、实践应用或研究工作的有效途径。相反，专注于习惯性犯罪者/累犯中特定子集的独特需求，识别这些子集的成员，并设计和提供符合道德原则的前瞻性服务，似乎是一个更有希望成功的犯罪预防和改进策略的方向。对于那些深陷于高频犯罪活动的人来说，采取符合个人特定需求的方法，加速他们与犯罪行为的脱离（这在几乎所有情况下最终都会发生），可能是当前最有效的政策和实践途径。

思考练习

1. 为了预防犯罪，在对待个人时何时采取强制措施是合理的？
2. 找出你所在地区所提供的与毒品有关的服务。解释并批判性地评估其理论假设。
3. 假阳性和假阴性的模式是否削弱了以风险因素从事犯罪

预防的理由？如果不是，你所在的地区是否应该提供这种服务？应该如何改变才能提供这种服务？

4. 简述你认为理想的以证据为基础的短期、中期和长期的研究、政策和实践议程，以处理未来和现有的大量罪犯问题。

5. 回顾你在第一章结尾所做的犯罪自传，并将其与本章讨论的内容联系起来。

进一步阅读

For a strong overview of developmental crime prevention, see Homel, R. (2005) "Developmental crime prevention", in N. Tilley (ed.) *Handbook of Crime Prevention and Community Safety*. Cullompton: Willan Publishing.

For a strong overview of drugs and alcohol problems and responses, see McSweeney, T. and Hough, M. (2005) "Drugs and alcohol", in N. Tilley (ed.) *Handbook of Crime Prevention and Community Safety*. Cullompton: Willan Publishing.

For more extensive discussion specifically of drugs and drug-treatment theory and practice see Audit Commission (2002) *Changing Habits: The Commissioning and Management of Community Drug Treatment Services for Adults*. London: Audit Commission.

On cognitive-behavioural theory and practice see Maguire, J., edited by Furniss, J. M. (2000) *Cognitive Behavioural Approaches: An Introduction to Theory and Research*. Available at: http://inspectorates.homeoffice.gov.uk/hmiprobation/docs/cogbehl.pdf?view=Binary accessed June 2008.

For a wide-ranging review of what's known about risk and protective factors see Langman, J. (2005) *A Guide to Promising Approaches*. London: Communities that Care.

附注

1. 马奎尔（2000）对犯罪的认知行为方法的起源、假设和使用提供了一个更全面和非常容易理解的说明。

2. 费舍尔和贝克特（2006）认为，在普通人群中广泛存在的自然戒毒现象，在犯罪和有问题的吸毒人群中并不常见。在这些人群中，依赖性已经形成，因此需要外部干预来打断因吸毒所带来的"快乐"，使其有利于治疗和戒毒工作。

第四章
社会层面的措施和方法论

在多个层面上，犯罪本质上被视为一种社会现象，其性质是由社会所构建的。它并非单一的行为模式，而是一系列由社会界定且具有变化性的类别（库拉，2000）。大多数犯罪行为与社会关系紧密相关，涉及罪犯、受害者、刑事司法系统的成员以及公众（杨，1991）。犯罪通常是在社会环境中发生，犯罪者可能与其他人合作，或作为松散组织的一部分，有时甚至是有组织的团体（费尔森，2006）。犯罪模式因罪犯所处的社区和网络而异，例如，较贫穷和弱势的社区参与犯罪的比例往往高于富裕社区（威尔逊，1987）。正如第三章所揭示的，个体进入和退出犯罪活动的路径在很大程度上取决于一系列社会关系和机会，这些关系和机会分别促使或吸引个人走向犯罪生活方式，同时也推动或引导他们摆脱这种生活方式（劳布和桑普森，2003；荷马，2005）。社会对犯罪行为的反应，特别是媒体和刑事司法机构的反应，可能会提高犯罪水平，因为犯罪身份被赋予并强化了那些意图通过犯罪来对抗"不公"的罪犯（威尔金斯，1964）。社会政策，如住房分配政策，可能在无意中导致罪犯集中，形成相互支持的网络和薄弱的社会控制（博顿斯和威尔斯，1986；1997；博顿斯等人，1992）。商业竞争行为创造了机会（如时尚的汽车设计吸引了潜在犯罪者）、诱惑（如超市商品如布局隐蔽会吸引潜在犯罪者）和挑衅（如酒吧寻欢时过度饮酒会增加暴力行为发生可能性），从而催生了犯罪行为（荷马等人，1997；沃特利，2001）。犯罪所得的赃物往往依赖于一个顺从或共谋的市场，以分配和消费那些被盗或通过非法途径获得的物品（萨顿，1998；萨顿等人，2001）。

同样，犯罪控制本质上也是社会性的。许多抑制犯罪行为的规范和价值观是从他人那里学习而来的（参见威克斯特罗姆，即将出版）。在家庭、同龄人群体、学校、邻里和公共场所，对潜在犯罪者的非正式社会控制展现出不同程度的效力（桑普森等人，1997；肯尼迪，2008）。建立对伴侣和孩子等非犯罪第三方的义务，通常可以提供退出或降低犯罪率的机会（劳布和桑普森，2003）。那些深度融入社会（因此受到他人控制）的人，其犯罪行为少于那些融入程度较低的人（赫胥，1969）。集体对犯罪的反应可以帮助犯罪者重新融入守法的社会轨道，通过让他们认识到所造成的伤害，并将他们带回到有效的社会控制之下（布雷斯韦特，1989）。预防犯罪的公共政策和实践的优先级和实施取决于一系列复杂的社会关系，涉及政治家、政府部门、地方政府、警察部门、法院、公众成员和大众媒体（休斯，1998；2007；吉林，1997；加兰德，2001）。私营部门的犯罪预防政策和实践的优先级和实施也同样在复杂的社会关系中进行，这涉及到公共政策中的人员、客户、所有者/股东、竞争对手和公司董事（哈迪和霍布斯，2005）。

在某些情境中，预防工作与犯罪的社会动态相互作用，彼此影响。旨在遏制犯罪的刑事司法程序，有时反而由于标签化和社会排斥的过程催生了犯罪（参见杨，1999）。我们将在第五章深入探讨"陌生人的危险"这一概念，它作为一种情境犯罪预防策略，旨在保护儿童免受具有掠夺性的陌生人的伤害，但同时也可能削弱了陌生人提供的保护和控制。非正式社会控制在遏制一种犯罪行为的同时，也可能助长另一种犯罪行为的发生，正如北爱尔兰车辆盗窃案中的"膝盖"现象。

在其他章节中，我们将探讨犯罪作为一个社会问题的多重含义及其对犯罪预防工作的影响。本章着重于那些旨在激活社会和社区层面的犯罪预防机制，或停用那些促成社会和社区犯罪产生的机制。许多旨在解决犯罪根源的预防措施，都是针对本章开头所提及的犯罪行为的社会根源。

在一些社区中，导致高犯罪率的社会动力往往根深蒂固，它们可能是经济和社会变革的意外结果。以威廉·朱利叶斯·威尔逊（1987）的经典研究为例，他描述了20世纪80年代芝加哥某些黑人社区中，种族、性别、失业、移民和家庭因素相互作用导致的犯罪率上升。他特别强调了谋杀和抢劫案件的高度集中，以及罪犯往往是生活在极度贫困地区的黑人男性。在1984年，全市超过一半的谋杀案件发生在7个贫困且黑人和拉美人口高度集中的地区。特别是以黑人为主的温特沃斯警区，尽管仅占全市人口的3.4%，却贡献了全市11%的谋杀案件和13%的严重袭击案件。

威廉·朱利叶斯·威尔逊对于贫困、单亲家庭与犯罪之间复杂交织关系的解释，指向了一系列错综复杂的因果链条。他强调，历史上的种族歧视导致了"1983年中心城市黑人下层阶级的大量涌现"（威尔逊，1987：33）。年轻黑人向内城区的流动，导致他们在特定社区的地理集中。经济转型减少了男性可获得的非技术体力工作的数量。较优条件的居民迁往郊区，而留下的人缺乏寻找工作的联系人和网络。因此，与工作相关的社会规范逐渐衰弱，失业成为常态，这对主流经济中就业市场所需的教育、语言和职业技能发展产生了不利影响（威尔逊，1987：57）。教师失去教学热情，儿童对学校教育失去兴趣。由于缺乏适合结婚的男性，越来越多的家庭由单亲母亲领导。在1983年的芝加哥住房管理局项目中，25 000个有孩子的家庭中，仅有8%是由已婚夫妇组成的，而89%的家庭依靠对其子女的家庭援助计划。正直且有工作的男性榜样变得罕见。威尔逊指出，在这种大规模、隔离、贫民窟化的公共住房项目和社区中，居民很难与邻居建立认同感。因此，他们不太可能实施相互的监护行为。街区或邻里中发生的事件往往与其他居民无关（威尔逊，1987：38）。他总结道："简而言之，底层社区为大量的失业、公然的违法行为和不良风气的学校所困扰，因此外人往往会避而远之。"（威尔逊，1987：58）

威尔逊分析的细节可能会因国家和社区的不同而不同，但对于犯罪率很高的社区来说，一般的结构可能会保持不变。外部条件引发了一系列的内部过程，其结果是产生了高水平的犯罪行为，并伴随着低水平的非正式社会控制。这其中也有可能存在其他互补的、相互加强的社会问题，包括社会和乱性、酗酒和吸毒问题、不良风气的学校、男性就业水平相对较低、结婚率低和离婚率高、许多人在有机会时向外移民，以及无法在其他地方找到住所的弱势群体和/或罪犯的住房占用倾向。这些地方的生活机会往往很低，并且死亡率和发病率很高。犯罪只是一系列相互关联和相互依存的社区问题中的一个，但这一问题可能会对剩余的守法居民和犯罪者本身造成严重的影响，因为他们不仅会犯罪，还会受到不成比例的伤害。在威尔逊描述的那种社区中，风险因素的数量也会很高（见第三章）。

从这个视角出发，传统的情境犯罪预防措施、对犯罪个体及群体的法律执法反应，以及第二章、第三章和第五章中提及的处理策略，似乎都显得不够深入。这些方法往往忽视了犯罪的深层根源，最多只能提供临时的缓解。为了真正解决犯罪的根源问题，我们需要付出更多的努力，并重新审视因果关系，以期实现社会长期和持续的改进，这包括犯罪率、教育水平、健康状况、就业机会以及儿童福利等方面。

在英国，多由政府资助的大型计划与项目已尝试解决一系列互为联系、相互加剧的社会和社区问题。这些计划涵盖了社区发展项目（1969~1977年）、地产行动（1985~2005年）、城市行动（1988~1994年）、城市挑战（1994~1998年）、单一再生预算（1994~2001年）、社区新政（1998年起）和邻里重建基金（2001年起）。尽管这些项目在某些方面取得了积极成效，但由于犯罪并未成为主要的关注点，其成果仍然是零星的。这些计划起初都是宏大而复杂的，旨在扭转长期的社会、物质和经济衰退趋势。然而，许多地区反复出现在不同的计划中，这表明即便是大规模的投资，也难以触及问题的根本。需要强调的是，本书并不侧重于这些广泛努力的具体细节。

我们中许多人可能会对那些目标广泛的社区计划抱以同情，因为它们的宏伟目标确实令人敬佩。然而，本书的宗旨更为谦逊，专注于犯罪预防的具体议题。我们可能会倾向于把基于社区的举措视为表面的修补，认为它们未能触及更深层次的问题。

但在急于下结论之前，我们应该思考以下几点：

1. 尽管这些大规模项目的支出巨大，它们在重建社区和预期减少犯罪及犯罪行为方面的成效却相对有限。

2. 那些试图解决高度弱势社区功能障碍复杂且相互关联的根本原因的努力，最引人信服的论点并非仅仅是它们可能减少违法行为和刑事犯罪，而是它们能够应对更广泛的社会不平等和不公正。例如，如果减少相对不平等与犯罪增加相关，这是否有助于维持或加剧不平等？对大多数人而言，犯罪至多是一个次要问题，它很可能被纳入旨在实现截然不同目标的资金计划或政策发展之中。

3. 在问题严重的社区，解决复杂根源问题的前提可能是首先控制表面的犯罪和混乱问题。例如，如果居民和公共及私营部门的成员认为犯罪风险很高，他们可能更愿意投资于社区发展活动。

4. 许多犯罪是由那些并不生活在多重贫困地区的人犯下的，而是这些人所遭受的。因此，仅仅关注这些根深蒂固的问题，并不能有效防止或减少犯罪。

在尚未尝试解决多种社会根源的情况下，将犯罪预防工作集中在社区焦点上是合理的。现在，我们需要将关注点转向以社区为重点的倡议，因为它们明确关注犯罪预防的问题。

居民社区中的犯罪预防工作

我们可以确定社区犯罪预防工作的三种主要方法：邻里守望、社区警务和社区参与。我们将依次讨论这三种方法。

邻里守望

邻里守望计划在英国已成功运行超过 25 年。该计划始于 1982 年在柴郡富裕村庄莫林顿的启动，其背景是当地发生了一系列入室盗窃事件。据 2007 年的一篇报纸文章报道，该计划仍在有效运作，当地协调员表示："我们曾经历过大量拖车、自行车和石槽被盗的情况，但近期社区已相当平静……即使是万圣节期间，虽有几起扔鸡蛋的小事件，但也只是轻微的违法行为。这表明我们长期以来建立的邻里守望计划正在发挥效用。"

自莫林顿的初步尝试以来，邻里守望计划迅速发展。英国犯罪调查在 2000 年发现，27% 的家庭参与了这类计划（西姆斯，2001）。全国邻里守望协会估计，目前活跃的计划数量已超过 155 000 个。英国犯罪调查还发现，在没有加入计划的家庭中，如果他们所在地区有邻里守望计划，78% 的人愿意加入（西姆斯，2001）。

邻里守望计划显然赢得了公众的广泛支持，并具有较高的表面可信度。该计划的宗旨并非解决本章前面提及的犯罪和犯罪行为，而是专注于减少犯罪行为及其引发的恐惧。邻里守望计划的理论基础包括：

- 成员作为警方眼线和耳目，报告可疑行为，有时还会协助警方关注特定人员或活动，从而成为第二章中讨论的执法方法的有效补充。
- 计划的标志和贴纸在犯罪者中起到了威慑作用，因为他们认为在这样的社区犯罪风险更高。这构成了第五章中将讨论的情境犯罪预防策略的一部分。

- 成员接受如何提升个人和财产安全的教育。在此意义上，邻里守望计划成为传播情境犯罪预防技术的媒介。
- 成员们被鼓励相互关照，并对社区内可能犯罪的人施加非正式的社会控制。

在较富裕且犯罪率低的社区，邻里守望计划的参与度往往较高，而在犯罪率和混乱程度较高的社区，参与度则相对较低。例如，根据2000年的英国犯罪调查，在入室盗窃率低的地区，有32%的家庭加入了该计划，中等入室盗窃率的地区这一比率为23%，而高入室盗窃率的地区为13%。同样，在混乱程度低的地区，32%的家庭参与，中度混乱地区为24%，高度混乱地区为16%（西姆斯，2001；莱科克和蒂利，1995a）。这表明邻里守望计划似乎更倾向于在最不需要额外犯罪防控措施的地区扎根。这一现象背后的原因不难理解：在低犯罪率社区，通常已经存在一定量的社会资本，有助于建立新的组织；而在贫困和无组织的地区，社会资本则相对匮乏。低犯罪率社区的社会资本本身就提供了许多邻里守望计划所承诺的好处，而不必依赖于计划本身。例如，可靠的居民网络能够实施非正式社会控制、与警察的信任关系、相互监督以及建立新组织的基础。此外，在高犯罪率社区，可能存在较多的恐吓行为，导致居民不愿参与与警方相关的组织。最后，邻里守望计划作为警方绩效的一个指标，警方可能更倾向于在容易建立组织的地区开展工作。

由于邻里守望计划最容易在犯罪率本身就低的地区兴起，这些地区犯罪率下降的空间较小，因此很难找到该计划有效性的证据。实际上，几乎没有证据显示邻里守望计划能够减少犯罪或对犯罪的恐惧（莱科克和蒂利，1995a；西姆斯，2001）。在最糟糕的情况下，为支持邻里守望计划所需的警察服务可能会从高犯罪率社区转移到低犯罪率社区。只要邻里守望计划对低犯罪率社区的犯罪水平产生影响，那么原本在这些地区的犯罪活动可能会转移到高风险地区，从而加剧现有的不平等犯罪分布模式。

与莫林顿的情况类似，邻里守望计划往往是在当地居民对犯罪事件产生关注后成立的。然而，与莫林顿不同的是，当犯罪水平恢复到常态时，这些计划往往会逐渐式微（莱科克和蒂利，1995a）。当然，这种现象可能产生一种错觉，即犯罪水平的回归平均值给人一种计划有效的印象，正如在邻里守望计划地区通常观察到的低犯罪水平。

1995年，莱科克和蒂利指出了上述模式，即我们缺乏关于邻里守望计划有效性的证据，该计划更容易在低犯罪率地区推广，并且通常在计划建立后犯罪活动迅速减少。他们的报告建议，应根据社区特性和经历的犯罪水平采取不同的策略。然而，该报告遭到了已故议员艾伦·克拉克的严厉批评。《星期日邮报》上的批评文章为邻里守望模式的既得利益者提供了强有力的辩护。尽管如此，2000年的英国犯罪调查发现的情况与之前的模式惊人地相似。一旦建立了邻里守望计划，似乎就很难取消。这些计划在过去被大力推广，现在依然如此，且似乎势不可挡。

邻里守望计划并非毫无价值。例如，在家庭入室盗窃和家庭暴力方面，动员邻居们应对受害者在风险最高时期的严重重复受害风险已显示出一定的预防效果（弗雷斯特等人，1988；

1990；汉默等人，1999）。邻里守望计划还催生了其他多种守望计划，如街道守望、酒吧守望等，这些计划在某些情况下可能比传统的邻里守望计划更有前景，尤其是在犯罪风险相对较高的情况下，加入计划的理由持续存在，且守望计划与针对特定问题的具体措施的实施相关联。

社区警务

社区警务的初衷，与其说它是犯罪的预防手段，不如说它是一种构建公众信任的措施（蒂利，2003）。这一理念起源于20世纪70年代和80年代初期，是对警方与社区关系感知薄弱的回应。考虑到部分公众，特别是少数民族群体成员，对警方服务感到失望，人们认为，警方需要与所服务的社区建立更为紧密的联系。尽管社区警务的理念源远流长，但1981年布里斯托尔发生的骚乱及随后《斯卡曼报告》的发布，强烈地提示了警方需要与社区更紧密地合作，并对社区的意见和利益给予更多关注（斯卡曼，1982）。至今，警方对提升社区信心的关注依然不减。然而，这一议程已演变成为一项更广泛的趋势，涵盖了社区内的犯罪预防和问题解决。

社区警务的核心思想是，警方应与公众协商确定工作重点，公众应参与制定解决问题的策略，并在可能的情况下，直接参与到当地问题的解决中。这并不意味着放弃了邻里守望计划中强调的监察作用，而是提出了更深层次的建议：警方应当对当地居民负责，公开其旨在实现的目标和采取的手段，不仅要让公众参与执行警方设定的议程，还要让他们为议程提供信息并参与实施。因此，公共安全是共同创造的，而警务工作对社区的变化保持敏感。

在美国，社区警务已成为国家警务工作的口号（格林，2000：301）。在芝加哥，社区警务的实施努力最为彻底，也最为详尽地被记录下来（芝加哥替代性警务战略——CAPS）。韦斯利·斯考根领导了一项前所未有的研究，对芝加哥10多年来的犯罪情况进行了详细追踪（斯考根和哈特内特，1997；斯考根，2006）。

芝加哥社区警务的初步构想在一篇由芝加哥警察局发布的文件中提出，标题为《我们一起努力》（罗德里格斯，1993）。这一口号生动地捕捉了警方与社区有效合作的愿望，旨在解决该市及其多个社区面临的犯罪和混乱问题。该文件开篇引用了罗伯特·皮尔爵士关于警察角色的名言：

"警察在任何时候都必须与公众保持联系。警察即公众，公众即警察。这是一项历史悠久的传统，必须得到实现。警察不过是公众中的一员，他们被赋予了职责和责任，这些职责是每个公民为了社区的福祉和生存所必须承担的。"

我们可以联合声明：

"新警务战略"汇集了政府与社区的资源，通过一种新颖而富有建设性的伙伴关系，旨在减少犯罪、减轻恐惧以及缓解社区混乱。简言之，这是芝加哥对社区警务的独特诠释。

社区警务作为一种新的策略，深深植根于警察与社区合作的传统理念之中。过去的警务发展往往使警察与服务对象之间产生了距离，而社区警务的兴起标志着对警察本质和目的的历史性回归。

在制定我们的部门使命时，我们参考了广泛的研究成果，如下所述：我们从众多研究中汲取了一些广泛而根本的真理，这些真理不仅关乎警察工作，也涉及犯罪本质以及警察与社区关系的重要性。或许更为关键的是，这些研究揭示了传统模式的一个致命缺陷：警察与社区的隔离，这限制了警察实现预防（或至少是控制）犯罪的能力。

与会者强调，整个警察部门都需要与社区建立一种新型的关系：我们承诺将这种新型的伙伴关系作为我们新战略的核心组成部分。通过建立社区与警方之间的合作关系，我们打破了长期存在的隔阂，缓解了社区的紧张关系，开启了信息交流的渠道，并提供了建设性的合作机会。这种伙伴关系的建立不应仅仅依赖于少数警力，而必须成为一种普遍的承诺。每一个部门的成员，尤其是那些基层人员，都应将社区推广视为他们工作中的重要组成部分。

在这些新的合作之下，我们必须共同承担识别和解决问题的责任。正如公众通过民主程序授权政府行使权力，政府（通过警察部门）也应当赋予社区积极参与制定和维护社区秩序的权力。因为警察无法无处不在，但社区的力量却可以。通过这种方式，我们能够提升居民的生活品质，并减轻社区成员对犯罪的恐惧。该文件明确了其最终目标：如果社区能够创造条件，使自身在早期就能进行自我改善，而不是总是依赖警方和其他政府机构的事后干预，那么这项工作将更为有效。

戴利市长对此表示赞同，并在序言中写道：作为市长，我深知我们不应让警察孤军奋战。如果社区警务意味着要改变芝加哥警察局的工作方式，那么它同样意味着要重塑所有城市机构、社区成员与警察之间的合作关系。社会安全与福祉的责任应当由我们每个人共同承担。

该战略文件认识到,向社区警务的转变可能会遭遇挑战。在管理、组织、绩效评估、培训、招聘、预算和技术等方面,都需要进行相应的调整。开发 CAPS 是一项公认的长期而艰巨的任务,但我们坚信这是值得投入的努力。

斯科甘等人揭示了 CAPS 在实践中的长期实施不均衡问题。斯科甘(2006:87)指出,到 1999 年,CAPS 已陷入"低迷状态"。然而,在经历了一场"实施闪电战"(斯科甘,2006:92)之后,CAPS 重焕生机。社区参与作为其主要工具,通常是每月定期举行一次并且涉及公众和警察的共同参与,并且时常有市政部门代表、学校校长、商业领袖等共同出席。这些会议的目标是系统地解决社区问题:识别优先处理的社区问题(无论是严重犯罪还是其他问题),从地点、受害者、犯罪者的角度进行分析,并根据分析结果制定策略(尽可能让社区成员参与其中),执行这些商定的策略,并对成果进行回顾。为了应对这些问题,警察和社区成员都需要接受培训,鼓励他们超越传统的执法手段,解决更深层次的潜在问题。

然而,斯科甘所提出的这一倡议的结果令人遗憾。社区在制定有效问题解决方案方面的参与度有限,理论上这种参与度较低的现象可能会随着社区中大学毕业生的增加而变得更加普遍。

在国防部发布的新计划书中,将社区解决犯罪问题视为最艰巨的挑战之一,因此,CAPS 的评分也相对较低(斯科甘,2006:75)。这表明在提升社区参与度和解决问题的有效性方面,仍有很大的改进空间。

斯科甘对此进行了进一步的阐述：诚然，每个警察部门在解决问题上都面临着巨大挑战。这需要大量的培训、严格的监督、强大的分析能力，以及整个组织的坚定承诺。在数据收集与分析、跳出传统思维模式，以及探索除了增加逮捕人数以外的策略方面，我们目前的努力显然还远远不够（斯科甘，2006：75）。

以英国的邻里守望计划为例，我们观察到该计划在低犯罪率社区中更容易推广。在美国，我们也发现了类似的趋势。然而，在芝加哥，与某些预期相反，我们发现这种传播在高犯罪率社区更为普遍，而不是在低犯罪率社区。这是因为在这些地区，巡逻会议往往能吸引更高的民众参与度。从这个角度来看，会议的频率、重点和宣传似乎已经在最需要的地区促进了参与度（斯科甘，2006：112-8）。然而，当我们研究会议参与者的特征时，我们发现了熟悉的模式：那些已经参与社区组织的人、房主、老年人、长期居民和受过良好教育的人更有可能参加会议（斯科甘，2006：150-154）。这表明参与者并不完全代表他们所在的社区。当然，这并不意味着他们不能代表更广泛居民群体的利益。斯科甘根据调查结果指出，会议平台上的关注点与非与会者在毒品问题和物质衰败上的关注模式大致相似，但在犯罪问题上的关注较少，与会者的观点与当地居民的观点存在较大差异。

斯科甘强调了社区参与的挑战，他指出：集体效能被视为社区重建的重要动力，但目前尚不明确在信任和互惠程度较低的地区如何培养或恢复这些社区生活的基石。通常，最需要信任和互惠的社区恰恰是这些资源最匮乏的地方。集体效能在社

会贫困集中和种族或民族多样化的地区最低,而在稳定的房屋所有权和以白人为主的城镇中最高。(斯科甘,2006:173)

斯科甘比较了1991年至2003年芝加哥记录在案的杀人、抢劫、入室盗窃和汽车盗窃的犯罪趋势与全美其他9个人口超过百万的城市。这一比较是对犯罪预防效果的基线评估。从1991年到2003年,所有城市和各种犯罪类型都显示出稳定且大幅下降的趋势,降幅约50%。尽管不同犯罪类型之间存在细微差异,但芝加哥的表现并未显著优于其他城市。

尽管自英国专业化警务工作伊始,社区合作的重要性就已被强调,但社区警务在英国并未达到在美国的地位。相反,它往往被视为一个地位较低的专业领域。然而,近年来在全国范围内设立的邻里治安小组,部分受到了芝加哥成功经验的启发,它象征着在英国全面建立社区治安的承诺。与芝加哥模式相比,英国模式的一个显著不同点是,英国没有同样强烈的承诺来全面改变以社区警务为核心的警务理念。相反,邻里警务与其他警务形式并存,并占据了一个重要的位置(蒂利,2008)。

政府在《建设社区,打击犯罪》的政策文件中表达了对于邻里警务的承诺,旨在21世纪提供更优质的警察服务(英国内政部,2004)。该文件承诺到2008年,邻里治安小组将覆盖英国所有地区,并任命24 000名(后缩减至16 000名)社会警务人员[1]与正规警察一同工作。与芝加哥类似,罗伯特·皮尔爵士的工作被引用,以增强警察与社区紧密合作计划的可信度。在这些团队中通常由一名警长领导。尽管英国有大约14万名警察,但专门负责邻里治安小组工作的警察数量不太可能超过5000名,因为尽管这是一个重要的领域,但它并非首要任务。

国家安全警务计划（NRPP）在 16 个地区试点实施了社区警务策略。该计划的名称揭示了其核心目标之一：增强公众的安全感。这是一个关键的问题，因为尽管犯罪率有所下降，但公众的安全感并未同步提升。预防犯罪是次要的关注点。NRPP 设定的目标包括：降低公众对犯罪的恐惧，提升居民的安全感；减少反社会行为，从而提高居民的生活质量；增强公众对警方的满意度和信任，以及提升社会凝聚力（即提高集体效能）。

该计划采纳了信号犯罪理论（英纳斯，2004），该理论认为可以通过处理当地确定的引发犯罪恐惧的刺激因素来让居民感到安心，而不必专注于降低潜在的犯罪水平。为了达成这些目标，计划采取了一系列措施，包括：安排专门的社区治安小组进行持续的明显巡逻；鼓励社区参与，以识别关注点并设计解决方案；警方、社区和当地合作伙伴的协同解决问题。尽管引入该计划后犯罪数量有所减少，人们在天黑后的安全感有所提升（尽管对犯罪的恐惧感减少不多），以及公众对警方的信任有所增加（尽管与警方的接触频率并未显著提升），但几乎没有证据显示它对社会凝聚力/集体效能产生了影响（特芬等人，2006）。

NRPP 为在试点地区创造实验条件提供了大量的中央支持和控制。然而在后续研究中，当邻里治安策略更广泛推广时，我们没有发现相同的效果，这种情况下的实施一致性和彻底性明显较差（奎顿和莫里斯，2008）。

专职的社区警察在实践中遭到了大西洋两岸许多同行的轻视，获得了如"吃闲饭的家伙"、"空枪套的家伙"和"青少年特警"等贬义词。社区警务的实施已被证明是一项艰巨的挑战。即使在芝加哥，10 多年的努力也未能带来显著的进展。

作为一种直接的社会犯罪预防手段,社区警务旨在引发社区内部变革以降低犯罪水平。即便在那些尽可能全面和持续地实施社区警务并做出密集努力的地方,社区警务似乎也未能充分证明其价值,且在执行上存在问题。在最需要发展集体效能的地方,培养这种效能本身就存在困难。集体效能似乎更需要社区警务的实施来促进,而不是由社区警务自然产生。这并不是说社区警务在其他方面不成功或不值得推崇。作为定期确定社区优先事项、帮助决策、了解问题、增强公众信心以及改善警方与公众接触的手段,社区警务仍然具有许多值得赞扬的方面。

社区参与

在英国,社区参与被视为解决一系列社会凝聚力、复苏与再生问题的关键手段,这些问题包括与犯罪和社区混乱相关的问题。政府网站(如 www.homeoffice.gov.uk/comrace/civil/index.html 和 www.neighbourhood.gov.uk)提供了这方面的更多信息。

在犯罪预防的领域,社区参与的特色在于,它并不完全依赖于警务和警察作为主导力量。实际上,由非警察团体领导的社区参与模式在犯罪预防方面可能更具优势。社区警务的发展旨在弥补警方与社区之间的联系短板,这一策略基于一个前提,即社区参与面临着众多挑战需要被逐一克服。这些挑战不仅源于居民对警察的不信任,还可能来自犯罪分子的威胁,他们试图阻止当地居民举报犯罪行为。在多种情况下,警察的缺席或仅扮演支持角色可能更有利于社区成员的积极参与,从而为犯罪预防工作创造更加有利的条件。

福雷斯等人(2005:2)将社区参与的隐含理论和理由总结

如下：

- 社区对于识别和处理犯罪问题至关重要；
- 对社区的理解主要是地理上的，包括在特定地区生活或工作的人；
- 各机构应更加敏感，并对社区成员的意愿作出反应；
- 社区成员将在其当地地区的治理中发挥更大的作用；
- 成员参与、相互信任、相互联系的社区比不参与和不信任的社区在处理出现的犯罪问题上表现得更好，并且不太可能面临严重的问题。

事实证明，警方与人口中的许多部分进行包容性接触是困难的，例如：少数民族群体、同性恋群体、儿童和年轻人，特别是心怀不满的人、残疾人、性工作者、无家可归者、吸毒者、精神病患者、单身母亲、贫穷和严重贫困的人、文盲、不讲英语的人、难民、流浪者、一些信仰团体，以及流动人口（福雷斯等人，2005）。众所周知，这些人中的许多人都有成为犯罪受害者高风险和犯罪的高风险。

在米斯特里（2006；2007）的研究中，对英国某大型城市的社区参与实践进行了深入的探讨。其中，基于地区的社区安全小组发挥了关键作用，旨在集结居民与当地机构共同识别并解决本地区的优先安全问题。为了最大限度地提高社区参与度，还特别任命了顾问团队进行推动。研究发现，这种以社区安全为核心的参与模式，即便不由警方主导，也呈现出与阶级密切相关的参与模式。在经济条件优良、社会资本丰富的低犯罪率社区，居民参与度较高，社会凝聚力也相对较强。而在犯罪率高、社区分裂严重的地区，居民参与度则普遍较低，社区咨询工作面临重大挑战，需要付出更多努力深入社区与居民进行互动，这些社区的会议出席率并不理想。

米斯特里指出，尽管一些民间团体已设有不同形式的社区会议，但参与者往往是同一批人：通常是白人、年龄超过50岁、已退休并且活跃于其他社区活动的人。大部分团体意识到，为了更具代表性，他们需要吸引更多来自社区不同背景的人参与。然而，在与顾问及服务提供者的访谈中，评估揭示了一个难题：顾问们未能开发出有效策略来吸引"难以接触"的群体，例如黑人和少数民族社区参与（米斯特里，2006：23）。

社区犯罪预防展望

理论上，社区参与犯罪预防和社区安全的长远成效似乎颇具说服力，这体现了警方为实现这一目标所付出的持续努力，如邻里守望、社区警务和社区参与等措施。然而，正如我们所观察到的，这些做法在最为需要的地区并未总能达到预期的犯罪预防效果，其带来的益处也相对有限。即便在实施力度较大的地区，情况亦是如此。

面对这一挑战，至少存在三种可能的应对策略。

第一种策略是彻底放弃基于社区的犯罪预防工作。这一立场存在明显甚至可能是灾难性的缺陷。首先，尽管本章试图为基于社区的犯罪预防工作提供一套连贯的逻辑，但我们难以否认克劳福德的观点，即许多所谓的社区犯罪预防工作缺乏理论支撑，因为它们往往是考虑不周且不一致的（克劳福德，1998：125）。在这方面，社区犯罪预防工作与本书前几章讨论的其他方法有所不同。社区的概念是模糊的（参见蒂利，2003；

2008），既具有描述性也具有规定性。在描述层面，它通常指的是邻里，但其性质、规模和边界在理论和概念上并不明确，在实践中也常以行政术语定义，对居民而言可能缺乏实际意义。在规定层面，社区概念极具吸引力，它唤起了人们对一个拥有共同利益和目标的群体形象的向往，他们通过合作追求共同目标。然而，这种愿景可能与城市中社区实际运作的现实相去甚远。在这种情况下，这些愿望可能带有乌托邦色彩，因为相互疏远、利益冲突和人口流动性似乎成了许多地区的特征。只要存在能够或确实共享利益和方向的集体，那么他们所构成的"社区"就不能仅以地理界限来定义。例如，他们可能在职业、信仰或种族方面的共同点比在共同居住地更为突出。其次，社区作为解决犯罪社会根源的工具，可能是一个错误的焦点。威尔逊所描述的"根源"或许能解释为何会出现社区问题。从这个角度看，社区可能是一个过于表面的干预目标（这是从1969~1972年的早期社区发展项目中得出的结论[2]）。这种策略的难点在于，与社区相关的犯罪预防形式已经取得了一定的预防成效。此外，社区层面的干预还带来了其他好处，如提升社区的安全感和居民对警察的信任。

第二种策略是采取更为长远的视角，坚持完善和改进以社区为中心的犯罪预防和社区安全工作。这是英国"我们一起努力"运动的立场（英国政府，2006），其口号源自CAPS项目的基础文件。这种回应承认了当前做法的不足，但也关注到了已取得的成功（如NRPP），并试图在此基础上推动有效的社区参与。因此，这项工作的成功将取决于持续制定和推广有效的社区动员方案。

第三种策略同样承认了社区层面犯罪预防工作的一些成就，但试图将社区参与与社区在目标和方法上的差异进行匹配（福雷斯等人，2005）。在这方面，它与根据社区特性制定的邻里守望策略有可比之处。福雷斯等人提出了一套广泛的四种社区类型：

1. 犯罪率低，低犯罪恐惧感；
2. 犯罪率低，高犯罪恐惧感；
3. 犯罪率高，低犯罪恐惧感；
4. 犯罪率高，高犯罪恐惧感。

犯罪率低，低犯罪恐惧感

在那些犯罪率低且犯罪恐惧感较弱的社区，居民普遍感到相对安全。这些社区通常拥有由积极参与的公民和正式机构构成的社会网络。关键问题在于，如何及时而有效地应对犯罪行为和居民的恐惧感。这可以通过以下措施实现：负责的组织及时清除潜在的犯罪诱因，如涂鸦和非法倾倒垃圾；志愿者团体效仿司法措施并识别潜在威胁；当地商家和企业监督并共同维护公共秩序。

犯罪率低，高犯罪恐惧感

在犯罪率低但犯罪恐惧感较高的社区，对犯罪的担忧与实际的严重犯罪或无序行为事件数量不成比例。这类社区常见于中产阶级居住区，尤其是老年人口较多的地区。在这些地方，当地居民、环境机构和可能无意中引发焦虑的年轻人群体应共同识别并消除被视为犯罪和无序的信号。有时，居民可能会错误地将少数民族的存在视为无序的象征。机构需要与居民合作，对抗这种潜在的偏见。

犯罪率高，低犯罪恐惧感

在犯罪率高但犯罪恐惧感较低的社区，通常是犯罪高发的地区，受害者和犯罪者往往不是当地居民。例如，度假胜地、国际学生众多的城镇、车站、高速公路服务区、停车场以及不为人知的城市危险区域。这些高危人群在这些地方停留时间短暂，难以直接参与犯罪预防工作。此外，当地居民可能对陌生人所面临的危险缺乏个人关注。在这些情况下，可以让商家、车站、服务区和停车场的运营商参与减少犯罪风险的措施，运用第五章讨论的情境犯罪预防策略。

犯罪率高，高犯罪恐惧感

在犯罪率高且犯罪恐惧感也高的社区，通常是城市内部的居民区，这里的犯罪预防工作挑战最大。居民可能对问题非常了解，甚至知道犯罪者的身份。然而，集体效能的缺失、高度受恐吓的情况以及对警察的低信任度限制了他们控制或抑制犯罪和反社会行为的能力。如果机构能够通过提供信息来说服居民合作，他们就有可能解决犯罪问题并建立对警察的信任。这样的努力可能还需要情境犯罪预防措施的补充。

福雷斯等人建议，如4.1图所示，我们需要外部支持来创造条件，以促进社区参与的启动。这与第二章中详细讨论的打击和巩固战略相似，后者已证明效果良好（参见法雷尔等人，1998；蒂利和韦伯，1994；肯尼迪，2008）。然而，作为触发集体效能发展的工具，以及根据图4.1总结的预期社区安全成果，这一策略尚未经过具体测试。

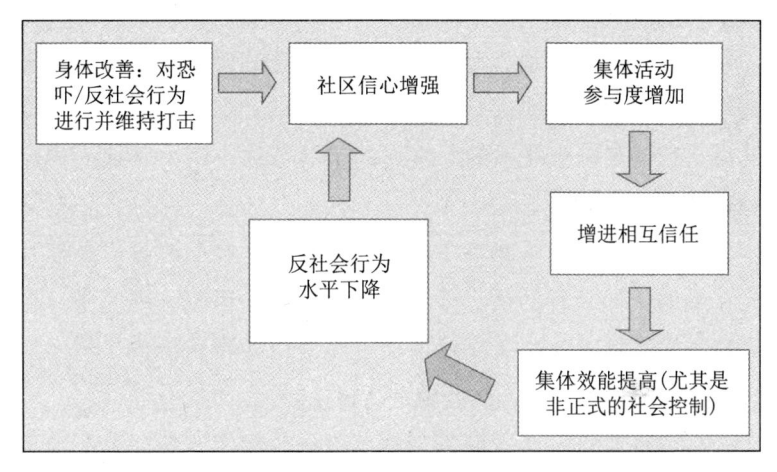

图 4.1　社会凝聚力增强圈

本章总结

福雷斯等人指出，实践中对于社区犯罪预防工作采取的多样化且对环境敏感的方法可能并不可行，或者可能过于笼统，无法在犯罪高发的关键区域有效减少犯罪事件。然而，本章同样揭示了一刀切的社区犯罪预防策略在预防犯罪方面带来的成效不尽如人意。在尝试在犯罪率极高、情况紧急的社区内部启动犯罪控制机制之前，似乎需要采取其他措施来奠定基础。这些措施是否能够持续降低社区内的犯罪率仍是一个未知数。如果我们面对的是像威廉·朱利叶斯·威尔逊所描述的芝加哥那样根深蒂固的社会经济问题（这些问题引发包括犯罪和社区不稳定在内的一系列连锁反应），那么这些措施似乎并不足以减少犯罪的发生。

思考练习

1. 在你的社区里，有哪些正式和非正式的社会控制在实际运作？谁在参与？他们是如何积极参与的？如果有的话，当地居民是如何与警察联系的？将你的经验与你小组中其他人的经验进行讨论。

2. 你或你的家人最后一次与警察接触是什么时候？是谁开始接触的？如果有的话，涉及哪些犯罪预防因素？现实中，在哪些方面你可以为这次接触增加更多的犯罪预防价值？将你的经验与你小组中其他人的经验进行讨论。

3. 对犯罪的社会方面的理解可以作为制定有效和公平的犯罪预防公共政策的基础吗？

4. 想一想，你最后一次违反法律（或其他正式规则）的情况是什么？例如：抄袭或其他形式的作弊、超速、勾结增值税欺诈、误导性报税、攻击、毒品、饮酒过量后驾车、攻击、破坏、盗窃、欺诈性保险索赔、不支付公共汽车或火车票、非法倾倒、夸大费用索赔、走私等。少数人，尤其是男性，也许都曾有过这些行为。当时是什么阻止了你的犯罪行为？周围是否有人怂恿你或允许你犯罪？你最不愿意向谁承认你的罪行？你对犯罪的借口是什么？它对犯罪预防有什么影响？匿名将你的答案与其他人的答案进行比较。

进一步阅读

On Neighbourhood Watch see Laycock, G. and Tilley, N. (1995) *Policing and Neighbourhood Watch*. Crime Prevention and Detection

Series Paper 60. London: Home Office.

On community policing seeSkogan, W. (2004) *Community Policing: Can it Work*. Belmont, CA: Thomson Wadsworth.

On community conditions and the production of crime see Wilson, W. (1987) *The Truly Disadvantaged*. Chicago, IL: University of Chicago Press.

For differing general discussions of community crime prevention, see Hope, T. (1995) "Community crime prevention", in M. Tonry and D. Farrington (eds) *Building a Safer Society*. Crime and Justice Volume 19. Chicago, IL: University of Chicago Press and Kelling, G. (2005) "Community crime reduction: activating formal and informal control", in N. Tilley (ed.) *Handbook of Crime Prevention and Community Safety*. Cullompton: Willan Publishing.

附注

1. 根据2002年《警察改革法》的规定，公民社会组织比那些宣誓就职的警察要少得多。具体来说，根据警察数量的不同，他们可以做的事情也不同。2007年5月发表的这些文章可见于http://police.homeoffice.gov.uk/publications/community policing/PCSOs\u Audit_ 2007; May\u l.pdf? view=Binary，最后访问时间：2024年2月26日。

2. 请参阅以下网址：http://www.wcml.org.uk/cdp.htm，最后访问时间：2024年2月26日。

第五章
情境措施和方法论

历史背景

一些潜在的犯罪因素通常被认为与社会架构、遗传因素以及不幸福的童年经历紧密相连。许多罪犯之所以走向犯罪之路，往往是因为他们不幸地诞生于不利的社会环境之中。在这种背景下，他们可能因为被忽视的经历或是展现出异常的心理状态而走上犯罪的道路。我们在第三章和第四章中讨论的大多数预防措施，旨在对这些所谓的犯罪"根源"进行干预；而情境犯罪预防则采用了一种截然不同的方法，其核心在于改变直接导致犯罪发生的具体环境。这一策略并不侧重于探究犯罪行为及其社会心理根源，而是着眼于通过消除或减少犯罪机会来预防犯罪事件的发生。正如我们即将看到的，在关注犯罪行为及其成因的同时，它特别强调犯罪机会可能对犯罪行为产生的促进作用。

我们普遍认识到，机会在塑造个人行为方面扮演着至关重要的角色。吸烟、过量进食以及向个人或银行借贷大量资金，在一定程度上都是机会使然的，而这些行为可能导致严重的负面后果，如肺癌、肥胖和破产。减少这些不良行为的策略在于减少或消除那些促使它们发生的机会：例如，限制吸烟场所、减少学校中高脂肪食品的供应,以及对借款人实施更为严格的信用评估。在上述情况中,我们并非彻底根除了行为的诱因,但在所有这些情况下,减少机会被认为是一种有效的干预手段。同时,在这些情况下,事先存在且易于获取的机会往往助长了不良行为的产生。廉价且易于获得的香烟、巧克力,以及简便的信贷流程,都促进了这些行为的普及。因此,情境犯罪预防特别强调在犯罪预防工作中对机会因素的关注。

克拉克和梅休(1988)揭示了如何通过改变特定机会来显著且持续地降低英国的自杀率。他们分析了1958年至1977年间英国的自杀总数以及使用家用煤气自杀的案例。图5.1所展示的结果令人瞩目。这一变化的背后原因是天然气供应的成分发生了变化,原本含有有毒物质的煤气被无毒的天然气所替代。当然,这并不意味着使用天然气自杀变得完全不可能,因为人们仍可以选择其他多种方式结束生命。但是,对于那些因身体限制而别无他法的人来说,他们可能仍会选择使用天然气自杀,只不过这种情况极为罕见。天然气供应成分的改变,实际上阻断了那些寻求以方便、无痛、无损方式自杀的人的企图,这一变化极大地减少了自杀人数。尽管理论上一些人可能会转而使用其他方法自杀,但统计数据强烈暗示了他们并未这样做。将煤气替换为天然气,这一变化在为家庭提供日常供暖和烹饪的同时,也意外地减少了自杀的机会,从而实际降低了自杀人数。对于大多数人而言,作出自杀的决定并非轻而易举,但当我们消除了一个(在众多可行方法中)特定的机会时,自杀总数便会显著下降。克拉克和梅休认为,这一发现同样适用于犯罪行为,我们可以推测这些犯罪行为背后的动机并不那么坚定不移。

实际上，在日常生活中，我们大多数人已经采取了诸多措施来减少犯罪机会。我们习惯于给住宅和车辆上锁；将钱财存入银行或投资于股票账户；上厕所时避免将贵重物品随意放置在火车桌面上或咖啡馆内；选择走在街道上光照充足的一侧；尽量避免携带大量现金出行；在公共场所摘下价值不菲的珠宝；主动避开看似可疑的人物；为了防止骚扰电话，我们会在电话簿中设置黑名单；我们避免前往那些治安不佳的地区；我们步行或驾车送孩子上学；在夜晚我们可能会选择结伴而行；乘坐双层巴士时，我们会选择坐在较为安全下层；在网上购物时，我们会选用安全的支付方式或完全规避网购。那些自认为风险较高的人群，甚至会更加谨慎，采取更多的预防措施。史密斯（2004）列举了出租车司机为降低受伤或经济损失风险而经常采取的一系列措施。这些措施包括安装安全防护网、检查乘客、使用中央门锁系统、避免在昏暗地区接载乘客、要求乘客预付车费、限制驾驶室内现金的携带量，以及使用行李箱/后备箱的内部释放机制。

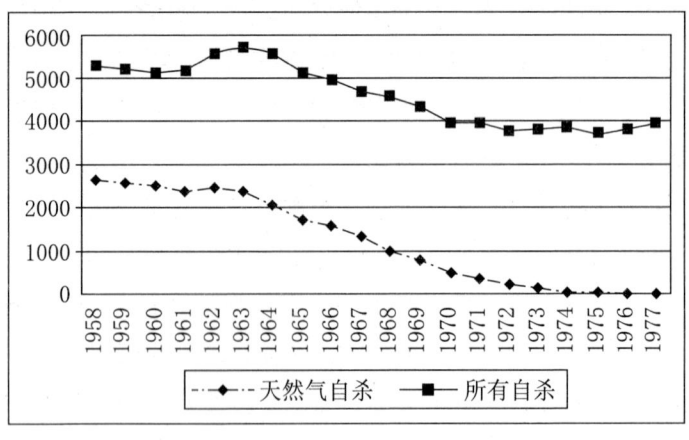

图 5.1　1958~1977 年英国的自杀趋势

定义

情境犯罪预防是一种旨在系统地识别并减少犯罪问题的方法，主要通过减少或消除犯罪机会，尤其是在那些传统努力似乎不足以解决问题的领域。罗纳德·克拉克，作为情境犯罪预防方法的主要架构设计者，提供了一个精确的定义，他如是说：

情境犯罪预防策略涉及一系列旨在减少犯罪机会的措施，它们包括：（1）针对特定的犯罪类型；（2）以系统化和持久化的方式，通过管理、设计和操控直接环境来实现；（3）根据对犯罪者的判断，使得犯罪行为变得更为困难、风险更高，或者降低犯罪的预期奖励和其被社会所容忍的程度。（克拉克，1997：4）

上述每一点都至关重要。（1）情境犯罪预防并不声称自己是一种万能的解决方案。这些措施是针对特定的犯罪类别精心设计的，例如：情景犯罪预防并非针对所有犯罪、所有财产犯罪或所有商店盗窃，而是专注于服装店内高价值时尚服饰的盗窃问题。这样做的目的是识别出那些具有足够同质性的犯罪分子，以便我们可以通过调整眼前的环境来有效减少犯罪机会。（2）采取的措施紧密关联于当前的环境状况，而非遥远或潜在的犯罪原因，并且这些措施的设计旨在产生长期效应。因此，情境犯罪预防不是专注于追捕特定的盗贼或犯罪团伙，而是寻求实施能够持续发挥效力的措施，如使用防盗标签、交替挂衣架方向，或将易被盗商品放置在收银台附近等策略。（3）这些措施主要通过增加犯罪的劳动成本和风险来发挥作用。例如，交替挂衣架使得快速取下衣物变得更加困难，这样窃贼在收集衣物时需要花费更多时间，从而减少了他们从单次盗窃中获得的收益，同时增加了被捕的风险。安装防盗染色标签的衣物一旦被盗，就会因为标签而染色，降低了其价值，从而减少了窃贼的收益。尽管染色标签和不同的挂衣方向并不能使偷窃行为完全不可能，实际上也很少有预防措施能够将犯罪可能性降至零。但当广泛的犯罪者发现努力、风险和回报之间的平衡发生了足够的变化，以至于他们选择不实施犯罪时，这些预防措施就被认为取得了成功。

理论

1976年，英国内政部发布的一份具有里程碑意义的研究报告《犯罪即机会》（梅休等人，1976），首次系统地提出了通过减少犯罪机会来预防犯罪的理念。该报告综合了先前的研究成果并强调了机会在犯罪行为中的核心作用，此前这些机会只是被"附带提及"（梅休等人，1986：4）。报告中引用了伯明翰的一项研究，该研究发现，随着天然气中致命物质的减少，利用天然气自杀的案件数量显著下降（从1962年的87例降至1970年的12例），这一变化几乎完全解释了该市同期自杀率的降低。梅休及其同事探讨了"机会对行为的决定性力量"（梅休等人，1986：6），以及机会如何以多种方式影响行为。在报告中，机会被区分为与个人相关的机会和与物品相关的机会。个人的犯罪机会因年龄、性别和生活方式的差异而不同，作为潜在的受害者，人们也为犯罪分子提供了不同的机会。作者指出，个人的犯罪机会还受到社会组织形式和日常活动模式的影响（梅休等人，1976：6）。在物品属性方面，报告提到了商品的易获得性、环境机会和人身安全等因素。此外，报告还强调了监督和监视减少犯罪机会的作用。

《犯罪即机会》报告提供了多个实证案例：其中阐述了安装转向柱锁对降低汽车盗窃案件的作用，以及监督措施对于减少公共汽车上破坏行为的效果。

自1971年1月起，英国所有新出厂的车辆均标配了转向柱锁。如梅休等人在表5.1中展示的数据，他们对1969年至1973年间大都会警区机动车盗窃案件的数量进行了研究。数据显示，尽管机动车盗窃案件总数保持稳定，但新车被盗的数量及其所占比例均显著下降；与此同时，旧车被盗的情况相应增多。据此，作者得出结论：转向柱锁的引入可能导致了犯罪目标的部分转移，即从新车转向了旧车。

在针对双层公交车破坏行为的研究中，梅休等人揭示了在曼彻斯特进行的一项有趣发现。研究表明，破坏行为的频率显著地受到监管程度的影响。具体而言，公交车上层发生的破坏事件远多于下层，而在配备有售票员的公交车中，破坏行为的发生率低于仅由司机一人操作的车辆。尤其是在公交车上层，单人运营的车辆其后排座位的破坏频率超过双人运营车辆前排座位的20倍。同样地，在一人运营的公交车中，上层破坏行为的频率是下层的20倍以上。研究指出，这种巨大的差异并不能仅用乘客类型在上层与下层的分布变化来解释。

表5.1 伦敦的有转向柱锁和机动车盗窃案

	1969	1973
所有车辆	917	918
新车	192	47

续表

	1969	1973
旧车	725	871
新车百分比	20.9	5.1

注：改编自梅休等人（1976）。

《犯罪即机会》一书得出的结论是，通过减少犯罪机会来预防犯罪，是一种极具潜力的新兴策略。然而，这种方法需要建立在更为坚实的研究基础之上。作者指出：

最终，我们期待的这份报告已初步阐明，物理预防远不止是密集的治安措施和简单粗放的安全问题。它可以通过巧妙且不引人注目的方式融合技术与建筑学专业知识，以保护易受盗窃和破坏的财产。物理预防不仅是一种减少犯罪的方法（如限制危险武器的获取），同时也借助公众对日常环境的自然监护来达成预防犯罪的目的。报告还表明，如果物理预防被视为一种与社会预防相辅相成的社会工程形态，那么它并不必然意味着更广泛的行为控制。这些探讨仅仅是起点，我们还必须对普遍转移现象进行探究，即犯罪活动从一种形式转向另一种形式的可能性，尽管这一概念可能显得有些难以捉摸。接下来，我们最迫切需要的是深入的研究，以便更精确地评估机会在犯罪行为众多影响因素中的相对重要性。只有在明确了机会在犯罪学解释中的核心地位是否如本报告标题所暗示的那般重要（梅休等人，1976：30），我们才能清晰地理解其价值。

自《犯罪即机会》一书问世以来，30年的光阴见证了对其理论的广泛阐述与持续发展，这些理论不仅孕育了丰富的政策与实践成果，也激发了众多批判性见解。我们将在合适的章节对这些批判性观点进行深入探讨。本节内容旨在概述基于《犯罪即机会》核心理念的理论进步性，以及随后与这一总体方法论相联系的各种观点。至于批评性意见的讨论，将在本章的后半部分进行详细阐述。

在实践中，情境犯罪预防策略拥有悠久的历史传统。尽管这一理论近期才被明确提出，但其与自然界中的现象相似，正如达尔文提出自然选择之前，自然界中就存在相似的现象。人类及其他物种几乎本能地采取情境措施以规避被捕食的风险，这种风险在人类社会中往往被我们视为犯罪行为。以自然界为例，刺猬的棘刺、松鼠埋藏橡实、臭鼬的臭气、鱿鱼的墨汁喷射、狐猴随季节变化的毛色，以及人类历史上的贞操带和城堡的护城河，这些都是生物和环境为了自我保护而采取的预防措施。这些例子凸显了情境预防策略在自然界和人类社会的普遍存在和重要性。

情境犯罪预防中的工作机制

本章着重指出，情境犯罪预防的核心在于关注犯罪的直接诱因，即潜在犯罪者在特定情境下面临的抉择。与此相对，其他方法更倾向于关注犯罪的深层原因，即那些促使某些人倾向于犯罪的社会因素和个人因素。然而，我们不禁要问：究竟是什么因素决定了潜在犯罪者是否会在特定情境下实施犯罪？或者说，情境本身（以及情境的变化）是如何影响犯罪发生的基本机理？

在探讨这一问题时，科尼什和克拉克详细阐述了一个关于

第五章 情境措施和方法论

犯罪者如何做出行动选择的理论框架（科尼什和克拉克，1986；2003；2008）。这一理论不仅揭示了犯罪者决策的内在机制，而且为开发减少犯罪机会的措施提供了丰富的策略和方法。这些策略和方法为我们理解和预防犯罪提供了新的视角和工具。

科尼什和克拉克提出的行动理论是理性选择理论的一种更为"弱"的版本。当我提到"弱"时，这并非指该理论的深度不足，而是指该理论对犯罪者所运用理性的范围有所限定。它并不假设，个体在采取每一项行动之前都会进行彻底的成本效益分析以确定何种选择最优。同样，该理论也不主张个体在决策时总是将物质利益的最大化作为首要目标。相反，科尼什和克拉克所描述的理性选择是将行为与预期的效用联系起来，并认为考虑实施犯罪的人在犯罪行为中会权衡风险、所需努力和潜在收益。他们还假设，犯罪者在作出犯罪决定时并非无法自主选择其他的行为路径。换句话说，他们的行为并非完全由外部因素机械地决定。如果接受这些关于理性选择的假设，那么通过改变选择环境，我们有可能引导那些原本可能选择犯罪的人改变他们的行为。进一步来看，如果我们假设潜在犯罪者对犯罪潜在收益的认知有所不同，那么风险、努力和收益之间平衡的任何变化都可能在边际上产生预防犯罪的效果。对于那些原本认为犯罪收益超过成本的潜在犯罪者来说，如果他们感知到这种收益与成本的平衡减少，他们就可能放弃犯罪行为。这种理论视角为我们提供了通过改变犯罪情境来预防犯罪的新思路。

科尼什和克拉克采用的理性选择理论模型并未明确规定具体的目的或动机。这些目的或动机是值得深入探讨的议题，且处于"无需争辩"的范畴。无论是金钱、刺激、性或死亡，都可能成为个体的首要目标。然而，当成本、努力和回报的平衡发生变动时，个体的选择模式亦会随之改变。以自杀为例，尽管在某些情况下，个别人可能更倾向于死亡，但即便是这种极端情况，成本、努力和回报的平衡变化同样会影响他们的最终决定。在自杀的案例中，使用天然气在家中自杀的方法因其较低的努力和风险，以及相对于预期痛苦的即时回报较高，而成为一种受欢迎的选择。相比之下，其他自杀方式可能带来更多的痛苦和毁容风险，且需要付出更多的努力。因此，仅通过将天然气作为煤气自杀方法的替代，就足以显著减少自杀的人数。这一现象凸显了机会改变在影响个体行为选择方面的重要作用。

在特定情况下，情境策略的实施可能有效地消除某些犯罪行为的可能性。例如：当保险箱坚不可摧时，企图破解它的努力便不会带来任何预期的收益，从而在有人发明新的破解方法之前，这一犯罪行为将不复存在。同样，如果某足球队的支持者被有效地与对方支持者隔离开来，无论他们有多强烈的冲动去攻击对方，他们也无力实施，除非他们能够找到新的接触方式。然而，在大多数情境中，这些措施并非使犯罪变得完全不可能，而只是重新调整了犯罪者预期的成本、所需努力与潜在收益之间的平衡。这种平衡的改变往往足以影响行为选择，从而在一定程度上预防犯罪的发生。

科尼什和克拉克指出，犯罪行为通常是一连串决策过程的产物，在每一个关键节点上都需要进行选择。德里克·科尼什（1994）提出了"犯罪脚本"的概念，用以描绘犯罪事件中一系列的决策环节。如果在犯罪脚本的任一阶段，风险、努力与回报的平衡发生的改变，足以让潜在的犯罪者放弃继续犯罪，那么犯罪行为就可能被阻止。表5.2呈现了科尼什（1994）的一个案例研究，该研究聚焦于以追求驾驶刺激为目的的机动车盗窃，展示了情境效用如何影响犯罪决策。场景与功能类别——包括准备、进入、前提条件、工具性前提条件、工具性起始、工具性完成、实施、后续条件和退出——具有普遍性，而脚本中的行动则是针对特定于追求驾驶刺激的犯罪行为而设计的。对失败情形的分析揭示了潜在的犯罪行为是如何在过程中被中断的。

科尼什的众多案例均凸显了如何通过增加或减少犯罪的可能性来挫败犯罪事件。例如：如果停车场被关闭，无车辆可供盗窃，或特定车辆的安全性得到极大提升，又或者罪犯在作案后无法逃离停车场，那么特定的犯罪行为便无法实施。然而，当行动显得风险更高、难度更大或预期回报降低时，犯罪脚本便可能被中断。潜在的变数包括：如果首选目标车辆不再可用，那么替代选择可能无法提供足够的预期收益；若车主突然返回，犯罪者可能感知到风险过高；如果常用的工具（如脚手架管）不在身边，那么去取它或寻找替代品可能显得过于麻烦和费力。这些因素都可能导致犯罪脚本的中断，从而有效预防犯罪行为的发生。

如表5.3所揭示，在早期探讨犯罪预防技术分类的过程中，克拉克（1992；1995）提出了多项措施，这些措施可能对犯罪行为产生了直接的冲击。它们不是让犯罪变得不可能，而是通过在边际层面上调整潜在犯罪者的成本、风险与收益平衡，对其产生直接影响。到了1997年，这些技术的具体例证及其标题经历了显著的演变（克拉克，1997：18）。最关键的是，原先的三大标题——"增加努力""增加风险"和"减少回报"——被更新为"增加感知的努力""增加感知的风险"以及"减少预期的回报"。[1] 在所有这些案例中，调整后的标题都更加注重潜在犯罪者对情境的主观解读。这些措施不再是简单地通过消除犯罪发生的可能性（不顾犯罪者的想法）或直接改变犯罪者的成本效益分析来直接影响潜在犯罪者的行为。相反，这种策略的核心在于通过转变潜在犯罪者对犯罪情境的认知——即对犯罪行为所预期的回报、风险和所需努力的感知——来有效预防犯罪。

表 5.2　临时使用盗窃车辆快速驾驶以享受刺激的犯罪脚本

场景/功能	脚本动作（犯罪计划）	失败解释
准备	收集工具	忘记携带工具
进入	进入停车场	停车场关闭
前提条件	不引人注目	引起安保人员注意
工具准备	选择机动车	没有准入证
仪器启动	机动车方法	汽车司机（所有者）返回
工具实现	进入机动车	车辆牢不可破
实施	使用机动车	车辆不能被移动
事后条件	掉头开始逃离	撞墙
出口	离开停车场	停车场锁门

来源：科尼什（1994：164）。

表 5.3　12 种情境犯罪预防技术

1 目标强化 ● 转向锁 ● 安装屏幕 ● 防盗设备	5 进出筛选 ● 包裹筛选 ● 自动票据门 ● 商品标签	9 目标移除 ● 可拆卸汽车无线电 ● 确切的变化情况 ● 手机卡

续表

2 访问控制 • 围栏 • 入门电话 • 电子钥匙	6 正式监督 • 安保人员 • 盗窃警报 • 监控摄像机	10 识别属性 • 属性标记 • 车辆许可证 • 无线电的个人 ID 号码
3 偏转违法者 • 酒馆位置 • 街道关闭 • 涂鸦板	7 员工监督 • 公园服务员 • 收银台位置 • 闭路电视监控	11 去除诱因 • 涂鸦清洁 • 快速修复 • 破败环境
4 控制促进者 • 枪支控制 • 信用卡照片 • 呼叫者 ID	8 自然监督 • 街道照明 • 防御空间 • 邻里观察	12 设置规则 • 海关申报 • 所得税申报 • 酒店登记

来源：克拉克（1995：109）。

在最近的探讨中，我们发现除了风险、努力和回报之外，还有两种额外的情境线索对行为选择产生了显著影响。第一种是消除借口，这与行为执行时的道德感知有关。例如，闪烁的限速警示灯能够促使意图超速的驾驶员重新考虑其行为，许多人因此会降低车速。这种警示灯的存在，强化了遵守速度限制的道德责任。第二种线索是减少挑衅，这涉及到那些可能激发犯罪行为的感官刺激。比如，在深夜通过系统有序的安排出租车乘客，而非自由竞争，可以有效避免乘客因挫败感引发的潜在冲突。这些情境线索经过适当的整合，可以纳入理性选择的理论框架内。当我们意识到自己的行为在道德上站不住脚时，可能会经历认知失调的痛苦，这种情感上的不和谐会驱使我们避免那些与基本道德原则相悖的行为。此外，当环境减少了挑衅因素，我们原本可能采取的激烈行为也会相应减少，因为缺少了释放压抑挫折感的刺激。科尼什和克拉克持续强调，理性选择是情境措施改变行为的核心机制，并将消除借口和减少挑衅纳入他们的理论模式中。然而，也有其他学者持有不同观点。尽管他们承认情境对行为选择的重要性，但他们倾向于认为，即使在科尼什和克拉克所描述的较弱意义上，对效用的计算也不足以解释所有影响行为的方式。道德和情感问题，如消除借口和减少挑衅，构成了一套独立于理性选择但与之协同作用的因果机制（沃特利，2001；蒂利，2004c）。这些机制共同作用于个体的行为决策过程，为我们理解犯罪预防提供了更为丰富的视角。

表 5.4 生动地展现了科尼什和克拉克（2003）提出的 25 项犯罪预防策略，这些策略被巧妙地归置于五个核心类别之下。这些类别不仅揭示了情境措施在犯罪预防方面的多元维度，也展示了如何通过以下途径来有效地遏制犯罪行为：提升犯罪行为的难度、加剧犯罪的风险、降低犯罪的预期收益、减少引发犯罪行为的挑衅因素，以及消除为犯罪行为辩护的借口。这一分类体系为我们提供了深入理解并实施有效犯罪预防措施的理论基础。

表5.4　25种情境犯罪预防技术

增加努力	增加风险	减少回报	减少挑衅	移除借口
1 目标强化 ■ 转向柱锁和固定器 ■ 反抢劫设备 ■ 防篡改包装	6 延长监督 ■ 采取常规预防措施：夜间分组出发，留下入住迹象，携带电话 ■ 邻里观察	11 隐藏目标 ■ 临街停车 ■ 避免衣着暴露 ■ 无标记的卡车	16 减少低落情绪和压力 ■ 高效的排队和礼貌的服务 ■ 扩大座位 ■ 舒缓的音乐/柔和的灯光	21 制定规则 ■ 租赁协议 ■ 设置骚扰底线 ■ 酒店登记

续表

增加努力	增加风险	减少回报	减少挑衅	移除借口
2 控制访问 ■接入电话 ■电子门禁卡 ■包裹筛选	7 增加天然屏障 ■增加街道照明 ■防卫空间设计 ■支持举报者	12 移除目标 ■可拆卸汽车无线电 ■妇女避难所 ■电话的预付卡	17 避免争端 ■为可能发生冲突的双方球迷设置围栏 ■减少酒吧中的拥挤 ■固定出租车价格	22 设置指引 ■禁止停车 ■私人财产警示牌 ■禁止用火
3 出口过滤 ■出口管制 ■出境文件 ■电子商品标签	8 减少匿名 ■出租车司机识别 ■穿着学校制服	13 识别财产 ■属性标记 ■车辆许可证和零件标记 ■宠物和家畜财产标记	18 减少激动情绪 ■对暴力色情制品进行管制 ■强制要求足球场内保持良好秩序 ■禁止种族诽谤	23 保持良知 ■公路旁设置速度显示器 ■在海关报关单上签字确认 ■在商铺中禁止盗窃
4 偏转违法者 ■街道关闭 ■分开的女性浴室/厕所 ■酒吧分布分散	9 利用位置管理器, ■公共汽车安装闭路电视监控 ■便利店安排两名员工 ■成立巡逻警察队伍	14 扰乱市场 ■监控毒枭 ■控制市场商品种类 ■商贩许可证	19 消除同伴压力 ■禁止酒后驾车 ■同伴发现不良行为可以说"不" ■驱散学校中的捣乱分子	24 为行为规范提供助力 ■在图书馆中设置快速结账设备 ■在人多的地方设置公共厕所 ■在人多的地方设置垃圾箱
5 控制工具/武器 ■"智能"型枪支 ■禁用盗窃的手机 ■严格管制青少年购买涂鸦喷漆	10 加强正式监督 ■红绿灯监控 ■24小时盗窃警报 ■24小时安保	15 删除犯罪利益 ■墨水商品标签 ■清除涂鸦	20 劝阻模仿 ■快速矫正破坏行为 ■在闭路电视中加入识别技术 ■审查员对作案细节进行剖析	25 控制毒品和酒精 ■在酒吧中设置酒精测试仪 ■在提供服务端查询消费者是否达到法定年龄 ■举办无酒精活动

埃克布洛姆和蒂利（2000）提出了一个关于消除犯罪资源的独立机制，该机制指出情境措施能够通过直接削弱犯罪者的实施能力来预防犯罪。这一观点的核心并不在于影响犯罪者的选择——无论这种选择是基于理性还是其他因素——而在于改变犯罪者执行特定犯罪行为的能力。正如表5.4中方框5（控制工具/武器）所提及的，这种策略得到了体现。埃克布洛姆和蒂利进一步阐述，计划实施犯罪的人在考虑犯罪时，需要具备一定的"资源"来完成他们的犯罪意图。这种与犯罪者直接相关的情境属性，与其他通常与犯罪者能力无关的情境属性有着显著区别。他们讨论的措施包括：鼓励业主将梯子锁起来，以降低窃贼使用它们的概率；清理街道上的瓶子，避免其被用作攻击性武器；运用金属探测器，防止罪犯携带武器；以及采用多样化的犯罪预防技术，迫使罪犯携带更多工具以克服潜在的障碍，从而延缓他们学习如何应对可预测犯罪障碍的进展。这些措施共同构成了一个旨在剥夺犯罪者实施犯罪所需资源的综合策略。

莱科克（1985；1997）着重探讨了与宣传密切相关的情境犯罪预防机制。在针对南威尔士三个村庄的财产标记及其对家庭入室盗窃影响的研究中，莱科克指出，犯罪预防的成效更多地源于宣传活动，而非财产标记本身。在推广这一计划的过程中，包括警方逐户拜访以及精心设计的媒体宣传在内的一系列努力，极大地提升了措施的采纳率。这些举措有效地让当地犯罪者相信这些预防措施是奏效的，从而在心理上劝阻他们不要从事入室盗窃（尽管实际上他们面临的风险可能并未实质性增加）。这种现象在一定程度上体现了克拉克所提及的感知风险、所需努力与预期回报之间的相互关系。

　　费尔森和克拉克（1998）提出了一种观点，认为犯罪行为可以通过多种方式由机会所诱发。这不仅仅是指有犯罪倾向的人可能会或不会找到机会，而是强调一旦机会出现，他们很可能会加以利用。更重要的是，机会本身可能会激发犯罪行为。这意味着将人群简单划分为犯罪者与非犯罪者是片面的，因为那些没有明显犯罪倾向的人在特定情境下也可能被诱导犯罪；相反地，原本守法的公民也可能因为机会的出现而走上犯罪之路。因此，机会构成了一种诱惑，有可能将非犯罪者引入犯罪领域。我们提供的这些机会，实际上可能孕育出新的犯罪行为。费尔森和克拉克引用了一项具有里程碑意义的研究来支持这一论点，该研究距今已有近一个世纪的历史。哈特肖恩和梅（1928）的研究发现，如果学生在考试中有机会作弊，并且有机会对作弊行为进行掩饰，那么他们会进行大量的作弊。很少有人能够抗拒这种诱惑。孩子们的行为可能是理性的，因为在实验所设定的情境中，作弊的选择最大化了他们的效用。当然，这也可能是他们的行为因为奖励而得到了加强，因为被奖励的行为往往会重复发生。此外，费尔森和克拉克还提到了以扬·范戴克命名的"范戴克链"现象。这个概念描述了一种连锁反应，即一个人实施的犯罪可能导致另一犯罪行为，以补偿先前的损失或替代被盗物品。例如，自行车盗窃可能会引发一系列类似事件。这种连锁反应甚至在餐馆中也可以观察到：如果某桌客人缺少餐具，如杯子或叉子，他们往往会从邻近的桌子拿取替代品，从而在邻桌上留下新的空缺，而这个空缺又会被下一桌的客人用其他桌的餐具填补，形成一个连续的循环。

副作用

《犯罪即机会》一书提出了一个关于犯罪转移的问题。在自杀案例研究中，人们注意到，煤气使用机会的减少与自杀事件总数下降之间存在关联。换句话说，当其他减少使用煤气的机会出现时，自杀事件也会相应减少。以新车安装转向柱锁为例，原本瞄准新车的窃贼似乎转移了目标，开始盗窃旧车。研究者们对于这种犯罪转移现象的兴趣持续存在，并且对其副作用——"利益扩散"效应——进行了深入研究。利益扩散指的是，某些犯罪预防措施在其实际操作范围之外，也可能意外地带来预防犯罪的效果。

我们已经识别出六种主要的犯罪转移类型：地点、目标、时间、犯罪种类、技术以及犯罪者本身，或者这些类型的各种组合（雷佩托，1976）。这意味着，在一个地方未能得逞的犯罪行为，可能会在另一个地点发生，或者针对不同的目标，或者采用另一种技术；同样，同一名犯罪者可能会转而实施完全不同类型的犯罪；也可能是由不同的犯罪者实施；或者是这些因素的各种组合，例如，犯罪者可能在不同的地点和时间，采用不同的技术手段，进行不同类型的犯罪活动。在实际操作中，捕捉所有可能的转移形式面临着复杂的测量挑战。我们不必过分关注在地点和犯罪类型上的远距离转移，因为它们在广阔区域内的扩散或多或少是难以实现的。然而，在测量更直接、更明显的转移形式，如邻近地区和相似类型的犯罪方面，我们已经取得了显著进展。这些转移似乎为犯罪者提供了次优的选择。实证研究表明，我们对犯罪转移的担忧可能有些过度（海瑟林，

1994）。在某些情况下，我们没有观察到任何转移现象，而且在实际测量的范围内，完全的犯罪迁移似乎相当罕见。克拉克（2005）对为何在某些情况下转移似乎不可能发生提供了解释。他以伦敦地铁中使用假币的例子来说明这一点。原本 50 便士的硬币可以通过简单地将铝箔包裹在 10 便士硬币上来伪造，但当地官员错误地将这种行为在 1 英镑硬币上的出现视为转移。然而，克拉克指出，基于 1 英镑硬币制作假币要困难得多，这需要犯罪者引入并使用金属加工设备。此外，两种假币在地铁站不同的地点发现，也暗示了可能涉及不同群体的犯罪者。

利益扩散的现象已经得到广泛证实。一个早期涉及停车场闭路电视监控系统的案例。波伊纳（2002）在萨里大学进行的研究中发现，不仅在三个安装了闭路电视监控的停车场犯罪行为有所减少，而且在附近一个未安装闭路电视监控的停车场，犯罪率也同样降低了。自那以后，许多类似的例子被陆续发现。其中最引人注意的是所谓的预期效益现象，即犯罪预防措施尚未启动，犯罪率就已经开始下降。当然，这种现象可能部分是由于平均值回归效应所致，正如第四章所解释的，一个地区在经历了犯罪高峰之后，犯罪率可能会随机地恢复到更为正常的水平。然而，史密斯等人（2002）指出，这种情况的频繁出现也可能与莱科克所讨论的宣传效应有关。犯罪预防措施的新闻报道可能改变了犯罪者对风险和所需努力的感知，导致他们相应地调整了自己的行为。在更广泛的范围内，鲍尔斯和约翰逊（2003b）在英国通过"减少犯罪计划"资助的 21 个家庭入室盗窃预防项目中，也观察到了类似的效果。这些发现强调了犯罪预防措施在改变犯罪者行为和降低犯罪率方面的潜在影响力。

随着时间的流逝，犯罪者可能会逐渐适应因情境措施带来的新挑战。这种适应过程与特定地点和时间内因特定犯罪事件引起的利益转移和扩散现象有所不同。犯罪者的适应是一个长期的过程。保罗·埃克布洛姆将其比喻为一场"军备竞赛"，在这场竞赛中，防范犯罪的努力与犯罪者的兴趣相互对立、不断较量（埃克布洛姆，1997）。以机动车盗窃为例，新型锁具的出现迫使犯罪者调整策略以克服新的障碍。随着时间的推移，适应这些措施变得更加困难或成本更高。研究表明，相较于之前的技术，防盗装置成为了机动车盗窃的一个重要阻碍（布朗，2004）。然而，犯罪者在学习如何克服转向柱锁这类障碍时，似乎能够更快地适应。

与情境犯罪预防相关的理论

在探讨情境犯罪预防的领域，存在着一系列重要的理论框架。这些理论旨在解析犯罪事件的发生模式，而非犯罪行为本身，并且在指导犯罪预防工作方面被认为有效，尽管它们多数并非围绕犯罪预防这一核心而专门发展。下面我们将深入探讨日常活动理论，这一理论因其广泛适用性而在犯罪预防实践中发挥了显著作用。同时，我们也将对其他相关的理论方法进行简要阐述。

日常活动理论

日常活动理论由劳伦斯·科恩和马库斯·费尔森在美国共同提出，并在1979年发表的一篇关于美国犯罪趋势的里程碑式的文章中得到了广泛传播和引用（科恩和费尔森，1979）。随后，费尔森（2002）进一步深化了这一理论，并对其进行了广泛的阐述和应用。日常活动理论对犯罪学领域产生了深远的影响，并为制定犯罪预防策略提供了重要的理论依据。虽然它与"犯罪即机会"的观点同期出现，但日常活动理论的起源却与英国的研究工作无关。在20世纪70年代，大西洋两岸的研究工作是独立进行的，彼此之间并没有直接的借鉴或参考。

最初构建的日常活动理论提出，掠夺性犯罪的直接接触发生，需在空间和时间上满足三个关键条件：适宜的场所、合适的目标以及缺乏有能力的监护者。这一理论强调了这三要素在犯罪事件中的相互作用和必要性。

- 可能的罪犯——潜在的犯罪；
- 合适的目标——潜在的为罪犯关注的人或物；
- 缺乏有能力的监护人——能够保护目标。

如此阐述，日常活动理论看似暗示了潜在的犯罪者、适宜的目标和有能力的监护人之间存在明确的界限，然而这种区分实际上是模糊的。实际上，这些类别仅存在着程度上的差异，而非绝对的二元对立。潜在的犯罪者、适宜的目标和有能力的监护人的数量和质量都是变化的。此外，监护人的可信度可能比其能力更为关键。例如，一位认真负责、训练有素、机智聪明的安保人员可能是非常有能力的监护人，从而使得某些犯罪行为在实际操作中变得极为困难。然而，在某些时间和地点，一个看似运行不良的闭路电视监控系统，尽管实际能力不足，但其表面的可信度或许足以对许多潜在的犯罪分子构成一种威慑，从而在一定程度上发挥了监护作用。

日常活动理论可以采用以下更为精确但稍显质朴的表述来

重新阐述，因为掠夺性犯罪的直接接触依赖于空间和时间的紧密交织：

- 潜在的犯罪者——有可能实施犯罪的人；
- 合适的目标——潜在的犯罪者会关注的人或事；
- 缺乏一个有能力的监护人——能够保护目标的人。

日常活动理论的后续发展引入了"亲密接触者"的概念，这一概念强调了他们在犯罪行为发生与否中的关键作用（费尔森，1986）。所谓亲密接触者，指的是那些对潜在犯罪者具有重要影响力的个人，其存在足以阻止犯罪者实施犯罪。例如，一个对不当行为持严厉态度的母亲可能就是这样的亲密接触者；即便在其他条件有利于犯罪的情况下，她的在场也可能对潜在犯罪者的产生道德影响从而阻止犯罪的发生。这种影响源于她对潜在犯罪者行为的反对，而非直接保护易受攻击的目标，她的作用是基于对犯罪者情感上的影响。当然，亲密接触者也可能激发犯罪行为，特别是当犯罪者认为这样的行为能够提升其在群体中的地位时。同龄人群体中的成员也可能扮演这样的角色，他们可能会鼓动或怂恿彼此实施犯罪行为。这种复杂的互动揭示了日常活动理论中社会关系与犯罪行为之间微妙而深刻的关系。

乍看之下，日常活动理论可能显得平淡无奇，且上述两种描述似乎表达了相似的观点。这几乎是显而易见的，大多数掠夺性犯罪的发生确实依赖于三个关键条件，其中亲密接触者的角色同样至关重要。亲密接触者的真正价值在于，它们在解释犯罪模式的变化时提供了深刻的洞见。许多西方国家战后的犯罪模式发生的变化，可以从合适目标、潜在罪犯以及可信监护人供需的分布和流动性的角度来简单理解。例如，大规模生产和消费便携、理想的耐用消费品，为犯罪提供了丰富且持续更新的目标资源，同时也催生了现成的赃物市场。随着女性更多地参与有偿劳动市场，以及家庭规模的缩小，家庭中可信监护人的数量相应减少。同时，年轻人参与家务劳动的减少和家庭成员共同活动的时间缩短，为最有可能成为犯罪行为实施者或目标的年轻人群提供了更多相互接触的机会，因为他们远离父母，家中和周围环境缺乏有效的监护和亲密接触者的保护。这些因素共同为犯罪行为的发生创造了条件。

斯洛文尼亚的一句古老谚语提醒我们："即使是主教，也会被打开的保险箱所诱惑。"这句谚语揭示了人性中普遍存在的犯罪可能性。加博（1994）的研究提供了丰富的证据，支持这种由斯洛文尼亚谚语所启示的观点。这种几乎普遍存在的犯罪行为参与可能性，解释了为什么日常活动理论的支持者在探讨预防策略时，会特别关注目标的吸引力和监护的有效性。正是合适的目标和可信监护人的供应、分配及其流动性，共同塑造了犯罪行为的机会结构。

然而，关于日常活动理论中与机会相关部分的进一步细化，还有一个值得我们深入探讨的方面，它有助于我们更深入地理解潜在犯罪者的特质。这涉及到本章前面提及的潜在罪犯的能力问题（埃克布洛姆和蒂利，2000）。有些犯罪行为几乎不要求或完全不要求犯罪者具备特定的技能，正如主教面对打开的保险箱，他可能仅需要一些简单的容器来携带或隐藏赃物，而不需要特殊的工具或技能。然而，其他犯罪行为则可能需要一定的能力或技术，使有犯罪意图的人能够实现其目的。例如，美国的杀人率较英格兰和威尔士为高，其中一个重要原因是美国枪支的易得性大大增强了个人谋杀他人的能力。在英格兰和威尔士，家庭中普遍使用的有毒煤气曾为有自杀倾向的人提供了现成的自杀手段。汽车不仅作为一个潜在的目标，也为许多潜在罪犯提供了提升其犯罪能力的资源。因此，除了存在足够的潜在罪犯、充足的可攻击目标、缺乏可信监护人以及缺少重要和审查性的保护者这些条件外，犯罪者还需要具备足够的能力。这五种要素的供应、分配和流动性将共同决定犯罪在空间和时间上的聚集模式，从而形成特定的犯罪模式。此外，除了潜在犯罪者的意图（他们想要做什么或得到什么），犯罪在很大程度上还受到偶然机会的影响。至少在理论层面上，通过改变这些因素来制定政策和进行实践是可行的，这正是理论结合情境犯罪预防策略的关键所在。

犯罪的空间与环境理论

C. 雷·杰弗里（1971）提出了一种观点，认为环境对行为具有决定性作用，这其中自然包括了犯罪行为。受到 B. F. 斯金纳行为心理学的影响，杰弗里认为行为的后果——无论是积极的还是消极的——会影响该行为是否会被重复。他主张，如果环境设计方式能够在犯罪行为发生之前就加以阻止（或使其变得不那么吸引人），并在行为未得到成功实施时得到加强，那么犯罪行为就有可能减少。杰弗里强调，行为的强化作用是影响犯罪发生的关键，而非犯罪选择背后的主要机制——理性选择的局限性。杰弗里的观点提出了一个概念，即通过修改环境提供的机会和强化措施，可以有效地减少犯罪。正是基于 C. 雷·杰弗里的理论贡献，我们今天有了"通过环境设计预防犯罪"

(CPTED)的概念。在实践应用中，CPTED这一术语现在被广泛用来描述旨在通过设计和重新设计建筑物及社区来减少犯罪机会的做法，而不一定需要完全接受杰弗里所提出的心理学理论基础。正如我们在第二章中提到的，一些警方的犯罪预防专家，尤其是那些担任犯罪预防设计顾问的人员，通常会依据CPTED的原则提供专业的建议和策略。

奥斯卡·纽曼（1972）提出了与CPTED密切相关的、广为流传的概念——"可防御空间"。这一理念被视为一种有效的犯罪控制策略。构建可防御空间涉及到多个方面的增强，包括提升领土性（建筑设计应鼓励居民对其所认为的私人领域产生所有权和保护感）；增强监视能力（建筑物的设计应能够有效监控相关区域）；改善形象（避免给开发项目贴上负面标签）；以及优化环境（确保周边区域的安全性）。在此基础上，爱丽丝·科尔曼（1990）提出了"设计劣势指数"，这一工具为评估那些可能促使犯罪发生的住房设计特征提供了量化标准。通过创造可防御空间，我们能够提高潜在犯罪者实施犯罪的难度和风险，从而有效地预防犯罪。

犯罪模式理论主要与保罗·布兰丁汉和帕特里夏·布兰丁汉的研究紧密相关，他们的工作在1981年、1984年及2008年均有体现。这一理论深入描绘并阐释了犯罪行为的地理分布特征。它通过分析个人的日常活动以及罪犯心目中的"意识空间"来达成此目的。犯罪的地理布局受潜在犯罪者在他们意识空间中，对合适犯罪目标的认知和可得性的影响。人们的日常活动通常围绕家庭、学校、职场及娱乐场所等"节点"进行。他们的意识空间不仅关联到这些节点，也涉及到连接这些地点及其周边的"路径"。这一意识空间还可能包含那些易于成为犯罪目标的地方。所谓的"边际区域",通常位于不同土地利用类型的交界边缘,在这些地方,陌生人不易被识别,因而往往成为犯罪活动的高发地带。潜在犯罪者的日常行为模式为他们提供了可能的犯罪时间和场所。因此,犯罪活动往往会集中在他们的意识空间所提供的时间和地点内,那里有较多的犯罪目标存在。此外,该理论还指出,犯罪者倾向于避开离家较近的地点实施犯罪,这是因为他们更可能在熟悉的环境中被人识别。

布兰丁汉及其同事(1995)指出,某些场所可能同时具备吸引犯罪和产生犯罪的双重特性。他们区分了两种类型的场所:一种是犯罪的产生地,这些地方因其提供犯罪机会而成为多种人群的交汇点,其中包括偶然成为犯罪者的个体;另一种是犯罪的吸引地,这些地方因其拥有适宜的犯罪目标而吸引潜在犯罪者前往,他们带着犯罪意图探访这些区域。例如,购物中心往往兼具这两种特性,既提供了犯罪机会,也吸引了有犯罪动机的人群。霍奇金森和蒂利(2007)补充了这一观点,他们认为那些潜在受害者众多且易于被犯罪者辨识的地方,如大型交通枢纽,往往是个人犯罪的吸引地。犯罪模式理论与日常活动理论之间的紧密联系显而易见。犯罪模式理论不仅为犯罪预防工作提供了目标设定的信息基础,而且还用于分析惯犯的地理行为模式,通过这些罪犯的犯罪分布,可以推断出他们可能的日常活动模式,从而为犯罪预防和侦查工作提供洞见。

破窗理论

威尔逊与凯林(1982)提出的破窗理论,激发了媒体的广泛关注，并成为众多政策与实践的基础。然而，这些措施的实施效果并非总是符合理论提出者的预期。破窗理论并不像人们有时认为的那样支持"零容忍"警务，所谓的"零容忍"警务往往只是官方的表述。但是，每当公众呼吁警方采取更为严格的执法政策时，我们便可窥见这一理论是如何被解读以及为何会被如此诠释。破窗理论的核心论点在于，若对小的混乱迹象视而不见，这些迹象可能会逐渐累积，营造出容忍反社会行为的氛围。一旦混乱到达临界点，犯罪行为可能就会失控；而此时，似乎没有人关心，也没有人注意到其逐步的恶化。等到我们想要恢复原有的秩序时，却发现困难重重。清除明显的混乱迹象，是重建社会秩序感的重要步骤。以纽约地铁系统为例，迅速清除涂鸦的行动开创了一种新模式。涂鸦制造者被剥夺了展示作品的机会和乐趣：在纽约，一旦有涂鸦出现在已清理过的车厢上，这些车厢就会被立即清除。最终，所有车厢都保持干净，新的涂鸦也逐渐不再出现。这种做法降低了涂鸦行为的激励。这同样构成了一个更广泛战略的一部分，即消除那些被认为是混乱标志的迹象，按照破窗理论，这些迹象在一些地区推高了犯罪率。

与其他犯罪预防方法的联系

在某些层面上，情境犯罪预防策略与本书前几章探讨的方法不谋而合，但其独到之处在于专注于犯罪事件本身及其直接诱因。例如，使罪犯失去犯罪能力的做法，其明显成效在于让那些已被监禁的个体在出狱后难以再次犯罪。然而，除了这一策略之外，还有其他众多例证能够进一步阐述这一理念。

蒂利和肯尼迪（2008）提出"重点威慑"策略，通过融合多种情境犯罪预防手段，为犯罪预防措施提供了有力的补充。这种策略虽然以犯罪者为目标，但依然能够发挥显著的效果。正如第二章中讨论的波士顿枪支项目所实践的那样，该项目聚焦于与青少年帮派相关的严重暴力事件。重点威慑法的核心在于识别出导致特定犯罪问题的关键个体，使得刑事司法机构能够针对这些人的常规犯罪行为采取行动，将他们作为打击的重点对象。通过直接向这些关键人物传达一个明确的信息：如果他们或其同伙继续从事特定犯罪活动，将面临更加严厉的制裁，这种方法增加了他们感知到的和实际的风险。此外，通过面对面的会议，挑战犯罪者为其行为辩护的"故事"，这些会议通常有帮派中的重要成员和正式机构的工作人员参与，从而破坏了犯罪者为犯罪行为提供的合理化借口。在这种互动中，犯罪者被迫直接面对自己的错误，并认识到这些行为会受到他们所尊重的人的谴责，这有助于消除他们的借口。经历这些会议的帮派关键人物往往会对阻止其同伙从事目标犯罪产生兴趣，因为他们不愿吸引警方的注意，并意识到警方拥有足以定罪的证据。这种策略减少了挑衅，增加了犯罪者招募同伙的难度，因为他们知道风险在增加。面对面会议还通过提供资源和消除因缺乏替代机会而产生的犯罪动机，帮助犯罪者摆脱犯罪生活，从而为犯罪者提供了一条脱离犯罪世界的路径。

以关注个体轨迹和生活中的转折点为重点的犯罪预防工作，同样补充了情境犯罪预防。这种方法并非聚焦于探寻犯罪的深层根源，而是着眼于个人经历中那些可能增加犯罪机会的具体情境。诸如转学、搬迁、家庭解体、进入或离开地方政府照顾的场所、建立或结束伴侣关系等事件，都可能对犯罪的风险、所需努力、预期回报、挑衅因素以及借口和资源的可获得性产生影响。新环境、新的同龄人群体、新的家庭成员以及新的生活习惯都可能改变机会结构，有助于某些人远离犯罪生活。学校、社会福利机构和缓刑服务机构在个体生活中的这些关键节点实施的预防性干预，并不一定针对犯罪的根本原因（如果我们将其理解为个人或社会的病理因素）；而是通过减少或消除环境变化带来的新犯罪机会，产生积极的效果。这种方法强调在关键的生活事件中提供支持，从而有效地切断犯罪行为的发展路径。

方法/实践

响应情境犯罪预防的标准方法是行动研究。克拉克（2005）描述了五个阶段：

- 收集有关具体犯罪问题性质的数据；
- 分析允许或促进犯罪行为的情境条件；
- 系统研究阻止机会的可能手段，包括其成本；
- 实施在可行性和成本方面最有希望的项目；
- 监测结果和经验传播。

这种行动研究方法蕴含在问题导向型警务工作理念（POP）（戈尔茨坦，1978；1990）中，我们常通过SARA模型来阐述这一流程（埃克和斯佩尔曼，1987）。SARA指的是扫描（Scanning）、分析（Analysis）、响应（Response）和评估（Assessment），其中前三个阶段与克拉克的前三个步骤密切相关，而最后一个阶段则融合了克拉克的后两个要点。埃克布洛姆（1988）设计了一种简洁的图表来清晰地展示反馈机制（见图5.2），这一过程通常在行动研究框架内展开。

POP 理念[2]为情境犯罪预防贡献了至关重要的方法论。这涉及促进各项计划中关键角色之间的协作，特别是罗纳德·克拉克与赫尔曼·戈尔茨坦之间的合作（克拉克和戈尔茨坦，2003a；2003b）。POP 着重于识别频发的犯罪问题，批判性地审视现行的应对措施，探索可能的干预策略以解决这些问题，进而严格评估这些策略的有效性，并将所得经验广泛传播。从原则上讲，POP 支持采用任何符合道德标准的手段以减少犯罪，但其与情境犯罪预防之间还存在着特别的契合关系。这种亲和性部分源于它们共同采用的行动研究方法，以及情境犯罪预防所提供的一系列实用机制。当警方遭遇持续的犯罪挑战，且这些挑战对巡逻和执法策略不为所动时，便可以借助 POP 理念启动相应行动。

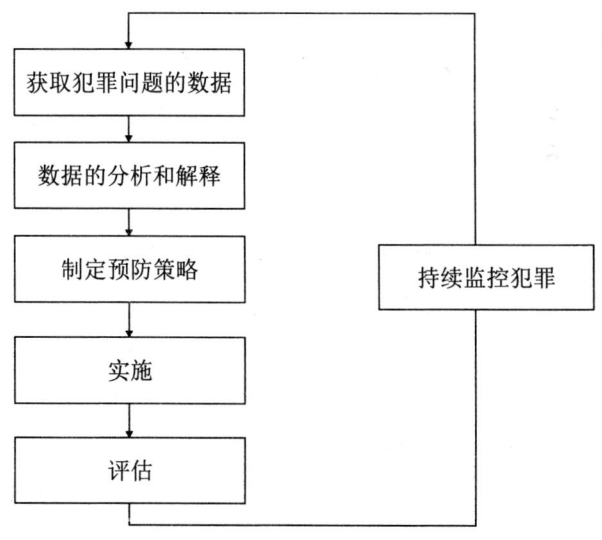

图 5.2　埃克布洛姆的犯罪预防过程

在犯罪预防领域，POP 广泛使用"问题分析三角"作为分析问题并提出相应解决策略的工具（克拉克和埃克，2003）。在实际操作中，如图 5.3 所展示的，我们采用了两个嵌套的三角形结构。内部的三角形旨在识别导致问题产生的具体条件，而外部的三角形则专注于确定如何消除或抵御这些问题的策略。这种方法与日常活动理论有着紧密的联系。在这个框架中，"罪犯"相当于具有动机的犯罪者，"场所"则对应于缺乏有效监护的环境，而"目标/受害者"则代表易于攻击的合适目标。恰当的监护人的存在可能对潜在的犯罪者产生威慑作用；场所管理者的介入提供了额外的监控，从而增加了犯罪的风险；同时，监护人的作用有助于减少易受攻击的目标。

除了行动研究方法在以问题为导向的警务实践中的运用，情境犯罪预防同样被应用于，在问题尚未浮现之前便设计出预防犯罪的策略。肯·皮斯强调，对于那些在规划阶段就能预见并解决的问题，我们通常需要进行一种"前瞻性改造"（皮斯，1997）。这种方法侧重于在犯罪发生之前，通过周密的策略设计来主动防范潜在的安全威胁。

图 5.3 问题分析三角（PAT）

在设计领域，我们可以区分出三个主要类别：场地设计、产品设计以及系统设计。无论是无意识地，还是在日常活动中，人们都可能创造出犯罪的机会，然而，这些机会均可以通过精心的设计来最小化。设计在降低犯罪率方面扮演着关键角色，其应用范围涵盖了住宅区、市中心、零售店铺、高等教育机构、学校和休闲场所如酒吧等。热门物品，如手机、自行车、信用卡、硬币、银行票据、电视机和卫星导航设备等，都可通过设计手段来降低犯罪风险。否则，这些物品可能会导致系统性犯罪的发生，例如退货欺诈、出租车安全问题、员工选拔与部署，以及财务审计漏洞。在所有这些案例中，风险、所需努力、潜在奖励、借口和挑衅等因素都会对犯罪行为起到促进或抑制作用，而设计正是这些因素的关键调节器。

巴里·韦伯（2005）展示了场地设计、产品设计以及系统设计这三个领域如何与车辆犯罪紧密相关。他指出，汽车的安全设计显著降低了被盗的风险，具备更多安全特性的车辆更不易成为盗窃目标。然而，人们往往忽视了激活这些预防措施的重要性，这无疑削弱了它们在犯罪预防中的作用。若这些安全措施能自动启动（例如，在拔出点火钥匙时自动激活防盗系统），其效果可能会显著增强。停车场的设计同样对机动车盗窃率产生影响。例如，无人看管的收费停车场，尤其是那些供通勤者使用的地面停车场，面临更高的犯罪风险。在出口设置障碍物虽然能够控制车辆盗窃率，但并不能完全阻止车辆被盗的行为。在许多犯罪率较高的停车场，人们倾向于安装闭路电视监控系统以预防犯罪，但这种措施的效果往往是短暂的，因为它更多地依赖于犯罪者对风险增加的感知，而非实际的安全状况。韦伯的研究还发现，住宅区内停车位的设计与汽车被盗风险有着直接的关联。与那些在私人车道上停车的人相比，在公共停车位停车的人汽车被盗的风险要高出 5 倍（每 1000 户中有40 人对 8 人），摩托车被盗的风险高出 2.5 倍（每 1000 户中有39 人对 16 人）。因此，住宅区的停车位设计对于预防机动车犯罪起着至关重要的作用。韦伯最后展示了，车辆登记和许可制度的设计方式也可能促进或抑制机动车盗窃及其他相关犯罪。与史密斯和莱科克（韦伯等人，2004）的研究一致，他为英国制定了一系列的系统设计方案，并探讨了这些方案如何减少车辆犯罪的发生机制（见表 5.5）。韦伯等人还提到，德国更为健全的车辆登记安排与较低的机动车犯罪率之间存在关联。

表 5.5 系统再设计和机动车犯罪

措施	方法论	期望结果
再次要求车辆登记文件来获得准入	增加出售盗窃车辆的难度	减少通过盗窃获取的经济收益
除非车辆报废或所有权登记变动，否则由车辆持有者负责	增加窃取和重复使用车辆身份的难度	减少通过盗窃获取的经济收益
整个欧盟的协调	帮助识别盗窃的进出口车辆，增加风险	减少通过盗窃获取的经济收益
通过 ANPR（自动键盘识别）增强执法能力	增加驾驶盗窃汽车的风险	减少通过盗窃获取的经济收益
各种电动车辆数据库的实时链接	增加盗用身份窃取报废车辆的难度	减少通过盗窃获取的经济收益
车辆中的"芯片"用于道路检查	增加驾驶盗窃汽车的风险	减少通过盗窃获取的经济收益和临时使用

注：改编自韦伯等人（2004：72）。

在设计与发展过程中，针对那些在未预见情况下可能带来的犯罪利益，显然需要一种与传统的以问题为导向的警务工作中所采用的行动研究方法不同的策略，因为传统方法主要针对已经发生的问题作出反应。为了有效预防犯罪，我们需要将"绿色"理念融入到犯罪预防工作中，使之成为新产品、场所和系统发展过程中的常规思考环节。在新的发展趋势中，我们需持续监测可能引发犯罪后果的潜在因素，并探讨如何将这些因素整合到犯罪预防策略中。预防性的设计旨在最大化消费者的合法使用权益，同时有效遏制潜在的犯罪行为，并兼顾其他设计需求（埃克布洛姆，2005）。通过这种方式，设计不仅提升了产品的安全性和功能性，也为社会治安贡献了积极力量。

评估

在20世纪70年代中后期，由于福利国家的政策、传统的治安措施以及改造工作在遏制当时不断上升的犯罪率方面未能取得明显成效，情境犯罪预防作为一种新的政策理念应运而生（蒂利，1993a）。当时的社会环境为这种创新思维提供了成熟的土壤。英国内政部的研究机构成为了孕育这一思考方式的理想场所。机会理论为应对犯罪问题提供了全新的视角，而情境犯罪预防措施的研究成果初步显示出其潜在的成效。因此，英国内政部在1983年专门成立了一个犯罪预防小组，其主要（尽管不是唯一）任务在于探索将情境犯罪预防措施付诸实践的机会；随后，在英国内政部内部及其他领域开展了一系列深入研究，其中部分研究我们已在本文中进行了探讨。迄今为止，大量研究已经证实，情境犯罪预防在遏制犯罪方面具有显著效果。最近的统计数据也显示，已有超过200项研究支持这一观点的有效性（古雷特，2008）。这些研究成果不仅为犯罪预防工作提供了科学依据，也为政策制定者和实践者提供了宝贵的指导。

但这并不意味着其他犯罪预防的方法已经被抛弃。关于情境犯罪预防的批评理由如下：

- 它只是取代了犯罪；
- 它未能解决犯罪的根本原因；
- 它对受害者负有责任；
- 它导致了一个提防心重的社会；
- 它使社会分裂；
- 它威胁到公民自由。

这些反对意见无疑值得我们深思熟虑，然而在多数情况下，它们并非针对情境犯罪预防理念本身，而是与其具体应用方式相关。接下来，让我们逐一审视这些问题的本质。

情境犯罪预防并非仅仅是犯罪的转移，这一点已有证据支持。犯罪者会根据行为、地点和方法的可行性来选择犯罪，因此，日常的情境犯罪预防措施自然会影响犯罪的分布，转移现象在所难免。这暗示了一种可能性，即那些能够将预防措施融入日常生活的人群，可能会将犯罪行为推向那些无力这样做的人群。在公共政策层面，针对高犯罪率目标与场所的情境措施有望减少犯罪总量，同时也可能倾向于纠正转移效应，这种效应往往惠及那些最有能力并最可能采取措施降低自身风险的人群。在财产犯罪的情况下，这一群体可能包括既有更多盗窃机会又拥有更多自我保护资源的富裕人群。如果这导致了犯罪转移，那么可能对资源较少的贫穷人群造成影响，他们的盗窃行为较少，同时拥有更少的资源来提升安全性。然而，如果公共政策的焦点是犯罪率较高的贫困社区，那么只要存在转移效应，我们可能会看到犯罪行为向富裕人群的转移。在这种情况下，情境措施可能成为分配正义的工具。转移效应的副作用固然重要，但其风险往往被过分夸大。实际上，利益的扩散似乎是一个更普遍的现象，并非所有的转移都是负面的，尽管确实有一些是负面的。我们应该采取措施避免那些可能导致犯罪从较轻形式转向较重形式，或者从较弱势群体转移到更弱势群体的公共政策。但这并不构成反对情境犯罪预防的论据，而只是对某些可能的应用方式提出了质疑。

情境犯罪预防确实在一定程度上对受害者负有责任。当然，我们的根本立场是，罪犯应对自己的犯罪行为负责。然而，如果某地的设计、产品或系统在可预见的范围内将他人置于不必要的风险之中，那么要求相关人员承担一定的责任似乎也是合理的。因此，在某些情况下，受害者可能确实需要为自己的遭遇承担部分责任。例如，如果商店的布局或管理措施无意中促进了盗窃行为，那么商店管理层显然也应承担一定的责任。毕竟，我们所有人在通过刑事司法系统处理犯罪问题时都承担着成本。此外，如果超市的行为在一定程度上导致了犯罪的发生，那么商店也可能需要对此负责。然而，在许多犯罪预防的实践中，并不存在责任的归属问题。例如，在超市排队购物时，我们通常不会将责任归咎于受害者，也不会为了减少愤怒和挑衅而特别安排消费者排队的方式。当然，如果不合理地强加责任，受害者可能会感到自己是被责备的。这种态度类似于社会中人们有时将性骚扰的责任归咎于穿着暴露的年轻女性。在下一章中，我们将深入探讨犯罪预防的责任与能力分配问题，并探讨如何在确保公平的同时，更有效地预防犯罪。

情境犯罪预防策略或许并未触及犯罪的深层次根源，但有强力的观点认为，犯罪的机会是其主要动因之一。即便情境犯罪预防并未彻底解决所有导致犯罪的根本原因，根据我们仍拥有的令人信服的证据显示，即使不直接消除这些根源，也能有效预防犯罪。正如前文章节所揭示的，根除犯罪背后的个人和社会因素是一项极为艰巨的任务。此外，犯罪预防的成功往往是一个长期过程，而在短期内，情境犯罪预防措施能够相对迅速地降低犯罪发生率。这并非否定其他犯罪预防方法的价值，而是强调情境措施在犯罪预防领域扮演着至关重要的角色。

情境犯罪预防有时可能无意中导致了受害者被责备的现象。我们始终坚持，犯罪者应对其行为负有完全责任。然而，如果某些场所、产品或系统的设计在可预见的范围内将人们置于不必要的风险之中，那么要求设计者或管理者分担一定的责任似乎是合理的。在某些情况下，受害者可能确实需要为他们的遭遇承担一定的责任。例如，如果商店的销售策略无意中促进了盗窃行为，那么店主显然也应承担部分责任。我们作为社会成员，也共同承担着通过刑事司法系统处理犯罪行为的成本。此外，如果商店中的犯罪行为可能导致其他犯罪的发生，从而带来额外社会成本，那么商店承担一定责任似乎是合理的。然而，在许多情况下，犯罪预防并不涉及责任归咎。例如，使用来电显示系统处理骚扰电话并未将责任推给受害者，同样，商店为减少顾客愤怒和挑衅而采取的排队管理措施也没有这样做。有一种风险是，受害者可能会不合理地感到自己受到了指责，一个常见的例子是年轻女性因穿着短裙而被错误地指责为性骚扰的诱因。尽管情境犯罪预防的某些应用可能存在偏差，或者提出的措施可能涉及牺牲重要的原则（如自由选择穿着和不受干扰地行走的权利），但这并不意味着情境犯罪预防作为一个整体是无效的。在下一章中，我们将深入探讨犯罪预防中的责任分配和能力问题，以寻求在保护个人权利的同时，更有效地预防犯罪。

情境犯罪预防策略有时可能导致所谓的"堡垒社会"现象。某些物理安全措施可能显得不那么美观，然而并非所有的安全措施都是显眼的，例如银行的金库就是隐秘的安全措施。许多可见的安全措施实际上是无害的，比如上锁的门。而且，一些明显且可能在视觉上不太吸引人的措施，如装饰性百叶窗，也可以通过设计变得具有吸引力。重要的是，不是所有的情境措施都是为了安全防控而采取的，例如快速清除涂鸦也是一种维护环境秩序的做法。在选择情境措施时，我们不仅要考虑其技术上的有效性，还必须兼顾美学和社区的整体感受。这些措施的采用并不意味着情境犯罪预防方法本身无效，而是强调了在实施这些方法时，需要平衡安全、美观和社会和谐之间的关系。

情境犯罪预防策略在一定程度上可能加剧了社会的分裂，尤其是在促进自私和不信任方面。尽管事实上，儿童面临的最大风险往往来自他们熟悉的人，但"陌生人危险"的措施却试图通过降低他们对潜在掠夺性成年人的易受攻击性来保护儿童。这种措施通常通过灌输对陌生人的不信任来实现。对许多父母来说，教育孩子不信任陌生人已经成为一种减少受害风险的有效手段，即使这意味着将一些善意的人也视为不可信的。在情境犯罪预防的背景下，由于对陌生人的普遍不信任，成年人会担心，与不熟悉的孩子交谈可能会使他们被误认为是恋童癖者。这种担忧削弱了他们作为潜在受害儿童监护人的能力（弗雷迪和布里斯托，2008）。如果儿童因此失去了来自日常生活中的陌生人的关心，那么那些未被成功教育不信任的儿童可能会面临更大的来自陌生掠夺者的风险。对陌生人救济的关注，无论是儿童还是成人，显然需要考虑到对犯罪脆弱性的认识。我们理想中的社会的一个显著特征是，在他人遇到困难时，陌生人会伸出援手。犯罪者预期路人会在他们犯罪时进行干预，这是一种情境犯罪预防措施，但如果安全和保护被看作是纯粹的私人事务，这种措施就会受到冲击。在这种情况下，信任和社会团结是一些自发的情境犯罪预防机制运作的基石。如果这种信任（对他人的）因为任何原因被破坏，我们可能只能求助于私人保护措施。然而，这并不是情境犯罪预防的本质所在。人与人的不信任感（无论源于何处）可能导致情境犯罪预防策略产生分裂性。此外，一旦出现产生这种分裂性的预防方法，随着个人和社区之间社会和物理距离的增加，相互之间的不信任感可能会进一步加剧。

情境犯罪预防措施有时可能对公民自由构成威胁。近期，这种担忧主要围绕英国闭路电视监控系统的急剧扩张而展开。20世纪90年代初，政府大力资助公共场所的闭路电视监控安装，技术因此得到显著提升，图像的拍摄、存储和检索能力均有增强。这种个人信息的大规模收集无疑对公民的隐私权构成了潜在威胁。隐私担忧不仅限于闭路电视监控，还扩展到了生物识别技术的应用。生物识别技术通过简化个体识别过程，增加了犯罪分子在作案时的风险。早期的隐私争议涉及在卡车驾驶室内安装测速设备，以监控司机是否超速或因长时间驾驶而疲劳。随着监控技术的日益强大，对隐私的潜在威胁也在增加（皇家工程学院，2007）。正如纽伯恩和海曼（2002）在讨论警察拘留所内闭路电视监控的使用时所指出的，在特定情况下，牺牲一定程度的隐私可能是可以接受的。显然，在减少犯罪风险的同时牺牲公民自由，我们面临的是一种权衡。这并不意味着我们使用这些技术是不合理的，也不代表这构成了对情境犯罪预防措施的普遍反对。实际上，许多技术根本不会对公民自由构成威胁。例如，提供性别分隔的洗手间只是为了增强而非侵犯公民的隐私。

本章总结

显然，情境犯罪预防能有效降低犯罪率，但它并非一劳永逸的手段，无法仅通过几项措施就彻底根除所有犯罪行为。情境犯罪预防需要针对性地根据不同的犯罪情境采取相应的预防策略。因此，对于当前面临的犯罪问题，情境犯罪预防采取的是一种艰苦且细致入微的方法。同时，对于预防未来可能出现的犯罪问题，情境犯罪预防也提供了一套指导原则，这些原则不仅有助于避免犯罪问题的产生，还能对现有的解决方案进行优化和改进。情境犯罪预防涵盖了一系列广泛的措施和机制，这些措施和机制都与潜在犯罪者直接面临的条件相关。这些条件千变万化，可能在不同方面与犯罪行为发生联系。当然，选择情境措施时，成本和效果是重要的考量因素，但规范性考量同样不容忽视。我们必须在追求成效的同时，确保这些措施符合社会规范和伦理标准。

情境犯罪预防理念并未受到其他方法的意识形态驱动。它与许多传统犯罪学中倡导的惩罚性原则有所区别，也不同于那些将罪犯视为生物学或社会不利条件受害者的犯罪学流派所要求的同情心。情境犯罪预防的观点是，无论我们的倾向程度如何，每个人都潜在地可能成为犯罪者。这种方法倾向于用我们普遍认可的社会进步现象，如财富增长和技术发展，来解释犯罪现象的普遍性，而不是将其简单归咎于潜在的社会病理学问题。这种立场与直觉相悖，不易受到政治家、公众以及众多传统犯罪学家的青睐。然而，这并不妨碍人们在个人或政治生活中频繁地采用情境犯罪预防的策略和措施。

情境犯罪预防所采取的视角在社会科学领域中颇为独特，它是基于数十年的深入研究与实践积累而形成的策略，这一方法已经持续发展和完善超过 30 年。

思考练习

1. 请列举一天中你在城市中观察到的所有情境犯罪预防措施。

2. 描述一天中你为了降低自己或家庭成员遭受犯罪的风险所采取的所有情境犯罪预防措施（即减少犯罪机会的措施）。

3. 结合你所观察到的和采取的措施，分析哪些情境预防措施可能引发公民自由的问题，哪些不会，并请对答案进行解释。

4. 假设你注意到的人/物品犯罪预防措施均不存在，且你和他人也未实施你所列出的任何情境犯罪预防措施，你认为犯罪的数量和模式会如何变化？请阐述你的理由。

5. 假设你是一名对掠夺性犯罪感兴趣的普通罪犯。请列出你注意到的一切可利用机会。你会优先考虑哪些机会？请解释你的选择，并探讨哪些不同的情境可能会让你放弃犯罪。此外，比较你的发现与其他人的观察结果。

6. 在什么情况下，情境犯罪预防措施可能导致不公平？你认为应该如何改进，以使其更加公正平等？

进一步阅读

Wortley, R. 与 Mazerolle, L.（2008）环境犯罪与犯罪分析可为该领域一些主要权威机构提供简明易懂的解释。

Clarke, R. 与 Eck, J.（2003）成为犯罪问题解决分析员，制定了以问题为导向的警务和合作伙伴关系为基础的方法，制定了逐步指导方针：55个步骤。

犯罪预防研究系列包含大量理论、实践和政策方面的大量论文，参见 www.popcenter.org，最后访问时间：2024年2月26日。

附注

1.《犯罪即机会》一书深刻认识到，有必要对感知机会与实际机会进行明确区分，并指出："将机会的客观要素与主观认知协调一致，亦即如何将最终的机会还原为纯粹感知上的机会，这是一个尚待解决的难题。"（梅休等，1976：7）至今，这仍是一个悬而未决的问题。

2. 在英国,"以问题为导向的伙伴关系"这一概念日益流行,它不仅强调了在降低犯罪率方面建立伙伴关系的重要性,同时也体现了法律的根基(布洛克等人,2006)。在这一框架下,所采用的方法保持了一致性。

第六章
执 行

犯罪预防的政策措施有时因其理论基础存在的漏洞而难以取得预期成效。这些漏洞可能包括问题与期望之间的不符、措施未能达到预期效果，以及实施条件不利于目标的实现。此外，不当的实施过程也是导致失败的原因之一，比如缺乏明确的措施规划、未能执行预定计划，或者计划中的措施执行不力，未能对犯罪问题产生实质性影响。显然，犯罪预防的政策举措之所以有时会以失败告终，往往是由于理论和实施上的双重缺陷。这些措施的成功与否，最终取决于它们是否拥有坚实的理论支撑以及是否能够得到有效执行。

在前几章中，我们主要关注了理论层面的探讨。在本章中，我们将聚焦于实施过程，即把理论转化为实际操作的复杂任务。多年来，众多研究已经强调了将理论措施具体实施的重要性（霍普和墨菲，1983；莱科克和蒂利，1995b；布洛克和蒂利，2003b；荷马等人，2004；布洛克，2007）。显然，有效的犯罪预防不仅取决于我们对它的理解，还取决于我们对一系列实施障碍的克服，以成功地将理论应用到实践中。未能充分理解实施过程中的挑战，是许多重大犯罪预防计划未能成功的关键原因。同时，缺乏有效策略的制定和实施以克服这些理解上的困难，也是导致犯罪减少战略薄弱和短效的原因。

在接下来的内容中，我们将探讨两个核心部分，分别聚焦于不同的关键实施问题。第一部分涉及能力与责任。我们如何能够说服那些具备实施有效犯罪预防措施能力的个人、机构和组织承担起相应的责任？他们的责任边界在哪里？第二部分则关注执行问题。我们应该实施哪些策略和措施，以确保犯罪预防战略能够按照预期顺利进行？

犯罪预防的能力和责任

我们将对犯罪预防中的责任与能力进行细致的区分（恩斯塔和埃文斯，1980；莱科克，2004；莱科克和韦伯，2000）。能力涉及的是行为主体在减少（或增加）犯罪机会方面的行动范畴，而责任则关乎对犯罪进行正式或非正式的管控。表6.1概述了我们之前讨论的主要犯罪预防方法，并指出了在每种情况下理论上应负责任的具体主体（即理论上任何人都有可能承担这些责任）。显而易见的是，那些通常被认为承担主要责任的人，实际上只是有能力预防犯罪群体中的一小部分。

在过去的数十年中，我们见证了一个被称作"责任化"的过程（加兰德，2001）。对于大多数人来说（除了理想主义者之外），警察和刑事司法系统一直被认为是控制犯罪的主要承担者，但这种观念的合理性可能已经受到了质疑。所谓"责任化"一词听起来比实际情况更为刺耳，而且这一过程似乎已经变得司空见惯。对于公众而言，"公民责任规范化"或许是一个更为恰当的表述，尽管这个词听起来依旧不太悦耳。职业警察理应行使他们的执法职责，为我们的安全承担责任。例如，1285年的《温彻斯特法规》正式确立了公民在犯罪发生时的历史性义务,即公民有责任介入并提供援助,这一义务延续了好几个世纪(罗林斯,2003)。未来,将责任过度集中在警察身上,甚至可能是以牺牲他人利益为代价的做法,这可能会被视为一种过时的自负行为。这种自负可能是在某些新兴组织的推动下得以维持的,这些组织出于提升自身地位和权力的目的而鼓励这种做法。

表6.1 犯罪预防责任和能力的主要模式

主要方法	主要责任	能力
刑事司法	警察 检察官 法官 假释 监狱	受害者 目击者 警察 检察官 法官 假释 监狱
个人	个人 家庭	个人 家庭 学校 同龄群体 健康和社会服务 雇员
社会	当地机关 政府	教堂 当地机关 住房部 志愿组织 公民

续表

主要方法	主要责任	能力
情境	警察 当地机关	商铺 加工业 分销商 开发者 设计者 银行 转运商 政府 个人 居民 公园 学校 交易标准 健康和社会服务

- 作为个体，我们或许会选择盗窃汽车，也或许会坚决避免此类行为；我们可能倾向于公开购买明显被盗的汽车或零部件，同样也可能对此类交易避之不及；我们有时会记得给汽车上锁，有时则可能疏忽大意；面对已知的盗车贼，我们可能会选择举报，也可能选择保持沉默；如果遭遇入室盗窃，我们可能会留下钥匙以减少损失，或者采取其他措施；我们可能会寻找安全的停车地点，也可能对此不够重视；在观察到可疑的汽车盗窃行为时，我们可能会选择报告，也可能选择忽视；当目睹犯罪行为发生时，我们可能会勇敢地介入，也可能选择不干预；至于在犯罪事件中提供证词或出庭作证，我们可能会同意，也可能拒绝。

- 作为停车场的管理者，我们或许会选择设置多个入口和出口，又或者仅提供少数几个出入口；我们可能在设计停车场时考虑到方便路人、邻近居民和场内外的商家对停车场进行监视，也可能忽视这一点；我们可能会安排工作人员在出口处或自动出口进行监控，也有可能不采取这样的措施；我们可能会安装付费提示器或在出口设置障碍物，同样也可能不这样做；我们可能会提供充足的照明，又或者仅安装基本的照明设施；我们可能会选择安装闭路电视监控系统，也可能认为这是不必要的；对于已经安装的闭路电视监控系统，我们可能会保持其维护并主动监控，又或者任其荒废。

- 作为规划者，我们可能会积极为居民车辆安排或倡导安全的停车设施，如车库或专属车道；又或者，我们可能未能为居民提供足够的停车位，甚至可能将它们分配在缺乏自然监控的、安全性较低的停车区域。同样，在城市核心区域，我们可能会规划出更多或相对较少的安全停车空间，也可能规划更少的安全停车空间。

- 身为机动车制造商，我们可能会根据不同车型和市场需求，配备数量不等、性能各异的安全装置，旨在提升车辆的安全标准；也有可能因成本或其他因素而未能做到尽善尽美。

- 作为政府或政府机构，我们可能会，也可能不会制定和执行机动车注册政策。这些政策既旨在促进车辆所有权的正规化，又通过严格的管理措施来有效遏制车辆盗窃行为的发生。

- 作为刑事司法政策的制定者与执行者角色，我们对盗窃车辆行为的处理可能会，也可能不会体现出不同的优先级；我们对被盗车辆物证的调查可能会付诸实践，也可能有所忽视；对嫌疑人的追踪、起诉以及判决的严厉程度，或许会根据具体情况而有所不同；同时，我们可能会提供旨在矫正与重建的刑事司法服务，但也存在不这么做的情况。这些决策和行动的多样性，体现了刑事司法系统在应对犯罪行为时的复杂性与灵活性。

- 作为保险公司，我们有能力提供更强或更弱的激励和约束措施。这些措施旨在以最大的限度提升车辆安全性能，或为了骗取保险而制造车辆被盗的假象。

在机动车防盗领域，具备相应能力的个人、机构和组织构建了一幅多元化的参与蓝图。对于致力于降低犯罪率的人们而言，一个核心的挑战在于，如何有效地动员那些有能力为犯罪预防贡献力量的一方，促使他们积极参与这项共同的事业。

"棍棒、胡萝卜与说教"，这是当局为了促使第三方实施犯罪预防措施而采取的政策手段分类（比梅尔曼维德等人，1998）：

"说教"作为一种非强制性的警方手段，旨在劝导有能力采取犯罪预防措施的个人或组织采取行动。这种方法包括多种形式的沟通与劝诫。通过向第三方提供犯罪相关的信息，说教可以提高公众对特定问题的意识，例如提供某停车场在特定时间内汽车被盗的数量；提供专业建议，如减少车辆在停车场被盗风险的措施；发起正式或非正式的呼吁，要求停车场的所有者提升安全设施；施加道德上的压力，强调停车场所有者有责任降低使用者车辆被盗的风险；提出可能符合个人或组织利益的建议，如认为更安全的停车场能够吸引更多顾客；甚至采取公开指责的策略，指出某些地点的高风险性。说教作为激发预防行动的手段，其优势在于成本较低且无需立法支持。然而，其局限性在于，接受说教的受众可以自由地选择忽视这些建议。尤其是当要求个人或组织以增加成本、不便或风险为代价改变行为，且这样做并不能带来显著利益甚至毫无收益时，他们很可能选择拒绝或规避。特别是对许多私营企业而言，它们可能不太愿意甚至无法为那些不会直接带来利益的改变投入资源，即便这些改变能够为客户提供更全面的保护。

"胡萝卜"策略指的是通过奖励来鼓励人们改变行为，其中最普遍的奖励形式是经济激励。在犯罪预防活动中，"胡萝卜"策略的运用往往决定了这些活动的模式和规模。以英国为例，公共场所大规模安装闭路电视监控和摄像头的行动，在很大程度上得益于中央政府的资助项目。政府斥资1.5亿英镑进行这项安装工作，并将其作为1999至2002年"减少犯罪计划"的一部分。此外，政府还提供了2.5亿英镑的拨款，以激励警方和其他合作伙伴加大减少犯罪的力度（荷马，2005）。在美国，1994年的犯罪法案为在5年内增加或重新部署10万名社区警察提供了必要的资源。其他的经济激励措施包括向那些行为和成就符合既定犯罪预防目标的个人发放绩效奖金。经济激励的优点在于，它们能够为实施措施的人带来直接利益，因此在激发行动方面通常更为有效。然而，这种策略的缺点是成本较高，其效果取决于资金是否能够持续供应。这些激励措施有时容易被那些只想获取资金的人所操纵，而未必能达到预期的预防犯罪效果。更重要的是，不当的激励措施可能导致无效的活动，或者仅仅因为资金或奖励的驱动而只解决表面问题。政府在公共场所安装闭路电视监控的资金支持，在很大程度上反映了这种情况。

非经济性质的激励措施，如奖品和荣誉，构成了另一种形式的"胡萝卜"策略。美国的戈尔茨坦奖和英国的蒂利奖便是此类激励措施的典型例子，这些奖项旨在表彰和激励在执法领域表现卓越的警察（详细信息可在 www.popcenter.org 网站上查阅并下载）。在这些案例中，获奖者的杰出贡献得到了广泛宣扬，但这些奖项的重点并不在于提供丰厚的物质回报。在机动车犯罪预防领域，英国警察组织 ACPO 的犯罪预防倡议支持下的安全停车场计划，为符合英国安全标准的停车场颁发了一项荣誉——安全停车标志奖，以此作为一种表彰和鼓励的措施。

"胡萝卜"策略同样可以作为一种抑制犯罪的手段，通过减少利益或进行负面宣传来激励措施的实施者达到预防犯罪的目的。在未能满足预防犯罪要求的情况下，可能会撤销对他们的资金支持。联盟表格就是一个展示了积极与消极激励方式的例子。在这一体系中，排名靠前的个人或组织会因为其成就而获得奖励，而排名靠后的则可能因为公众的羞辱而被迫寻求改进。汽车盗窃指数就是一个显著的例证，它似乎已经促使了汽车制造商提升车辆的安全性（莱科克，2004）。该指数将各种汽车按照品牌、型号和被盗率进行排名，榜首位置在这里成为一种不受欢迎的标志。自 1992 年首个汽车盗窃指数公布以来（霍顿，1992），新车安全水平的提升与随后汽车盗窃率的稳步下降被认为存在关联。此外，定期发布的汽车盗窃指数有助于维持公众对车辆安全的关注（莱科克，2004）。尽管计算和发布汽车盗窃指数在技术上具有挑战性，但它总体上是一种相对廉价的犯罪预防方法，并且促使那些有能力减少汽车盗窃但之前未充分承担责任的群体（即制造商）持续关注汽车盗窃的风险。

当我们转向讨论消极激励措施时，我们的相关探讨似乎已经超越了传统的"棍棒"策略。然而，"棍棒"这一术语通常保留了用于描述官方通过法律手段实施的强制性措施。它涉及对个人、机构或组织按照法律要求采取特定行动的规定。一个典型的例子是欧洲自1998年起要求汽车制造商对所有新车安装防盗设备的规定（根据1995年的欧盟指令95/56/EU，参见布朗，2004）。在德国，从1963年起，所有汽车都被要求配备方向盘锁，英国也采取了类似措施，这些都是早期对汽车制造商施加压力、促使其在汽车设计中融入安全措施的例子。《犯罪与扰乱秩序法》（1998年），经过2002年《警察改革法》第97条和第98条，以及2005年《清洁邻里与环境法》第1条的修订，规定了英格兰和威尔士的警察、警察局、地方政府、消防与救援服务、地方卫生局和初级保健信托机构有法律义务以合作伙伴关系的方式解决当地的犯罪和混乱问题。

某些法律条款在赋予犯罪预防责任方面显然比其他条款更为有力。1998年《犯罪与扰乱秩序法》第17条即是如此，它规定了多个机构在决策和活动中必须考虑犯罪问题。该条款旨在激发人们对那些看似与犯罪无关的政策和实践的关注，以此应对可能在不经意间促成的犯罪后果（布洛克等人，2000）。然而，这一要求相对宽泛，在实际操作中显得力度不足。此外，它仅涵盖了一小部分可能有能力减少或预防犯罪的公共机构。尽管这些机构常常被提及，但在实践中能够体现其作用的案例却寥寥无几。

地方合作机构有时会创造性地运用手中的工具，对那些有能力但可能不情愿采取行动减少犯罪的组织施加影响。索尔福德市采用1974年《工作场所健康与安全法》中的措施作为一项例证。该法律规定，雇主有责任保障所有雇员在工作中的健康、

第六章　执　行　167

安全和福祉，这同样适用于对暴力风险的防范。该法案还授权地方当局的环境卫生官员进入工作场所，以核实雇主是否履行了这些责任。在当地商业抢劫风险较高的背景下，地方当局利用这项立法来劝说企业主妥善管理并安装安全措施。这些措施的目的是降低员工成为犯罪受害者的风险，以及减少在同一场所遭受暴力犯罪重复攻击的可能性。

"棍棒"的显著优势在于，它们为促使那些原本倾向于拒绝的人的加入，提供了更多方法。然而，其劣势同样明显：地方当局通过立法手段采取行动可能耗费大量时间和资源，且立法过程本身复杂艰难，导致推出的措施往往效果不佳。此外，追求法律起诉往往成本高昂，且有可能因激起公众不满而被视为不当，从而影响其合理性和公众接受度。

赫尔曼·戈尔茨坦制定了一系列可以用来说服第三方采取不同行动的杠杆层次结构（参见斯科特和戈尔茨坦，2005）。从"说教"到"胡萝卜"，再到"棍棒"，相关内容如下：

1. 教育；
2. 非正式的请求；
3. 对抗性请求；
4. 与另一个现有组织接触；
5. 催促建立一个新的组织；
6. 谴责违法犯罪的机构；
7. 撤销服务；
8. 收取服务费；
9. 强制要求立法，授权他人采取措施；
10. 提起民事诉讼。

戈尔茨坦指出,我们应当尽可能避免依赖强制措施来解决犯罪问题。相较于强制手段,采用其他方法减少犯罪通常更为经济、迅速且切实可行,同时这些方法也不太可能激发公众的抵制和敌意。

执行

犯罪预防工作的实施环节长期面临着挑战。实际上,将犯罪预防策略有效执行是一件极为艰巨的任务。相比于犯罪减少策略的制定,实施过程在学术领域的探讨相对匮乏(布洛克,2007)。在审视这些实践过程中,我们不难察觉到一些关键性的缺陷。以下五种实施策略与犯罪预防工作的规模和范围紧密相关,每种策略均揭示了我们面临的实质性难题:

- 大规模的方案;
- 个体项目;
- 复制;
- 主流化;
- 工作风格。

在接下来的部分,我们将通过具体案例对每种类型的实施困境进行详细阐述。值得注意的是,我们所述的均为典型难题,而非孤立或异常的个案。这些问题并非仅在异常情况下才显现,也并非仅因某些特别不理智或无能的个体参与才导致,它们反映的是犯罪预防实施过程中普遍存在的挑战。

大规模的方案

在本章的前述内容中,我们简略回顾了自1999年起延续至

2002年的"减少犯罪计划"（尽管最初预期该计划能够持续至2009年）。除了政府为安装闭路电视监控系统提供资金外，当时并未有确凿证据表明这些资金是财政部在审视内政部关于何种措施能有效减少犯罪的研究成果后所提供的（戈德布拉特和刘易斯，1998）。该计划的目标是利用现有的研究成果来预防犯罪。除了闭路电视监控系统的安装，还有一系列独立的项目被纳入到犯罪预防工作中，这些项目包括罪犯改造、家庭防盗、学校管理改进、毒品防治、青少年融合、退休人员宣导以及家庭入侵防范等。显而易见，这是一个覆盖面极广的计划。计划的大部分资金通过竞争性招标的方式进行分配。这一计划得到了众多关注犯罪减少人士的拥护，其中包括犯罪预防领域的专业人士、政策制定者以及众多学者。

尽管如此，该计划在执行过程中仍遭遇了挫折，并导致了资金的浪费（马奎尔，2004；莱科克和韦伯，2003；蒂利，2004a；荷马等人，2004）。在项目管理层面，未能借鉴先前减少犯罪项目（尤其是"更安全的城市"项目）的经验，加之早期的资金不足，使得急于见到成果的政府部门感到忧虑。计划的核心研究目标与政策利益同行政管理之间存在着明显的紧张关系。在实际操作中，资金申请往往缺乏基于犯罪预防证据的支撑，既未充分利用现有研究成果，也未能对当地问题进行深入分析。在探索减少犯罪的新方法方面，鲜有创新举措可供参考，许多项目未能实施既定计划内容，项目执行情况的监测体系也十分薄弱。此外，现有研究的规模较小，且未能按照高质量评估的要求进行。在某些情况下，评估结果存在争议，并被指责浪费资源。外部事件，尤其是犯罪率的上升，迫使计划方向发生改变，导致新的优先事项的出现。在地方层面，通过"减少犯罪计划"提供的资金与其他中央财政支持相比，不足以引起地方持续和认真的关注。由于人员流动性大，且缺乏启动新活动或调整现行模式的经验，地方对资助项目的协调和领导能力受到了削弱。目前，按照最初制定的方针执行的项目寥寥无几。因为相关项目/计划的主持人对所能实现的目标的总体假设过于乐观，所以最终导致了失败的发生。

个体项目

得益于布洛克和蒂利（2002；2003a；2008）提出的减少犯罪策略，针对曼彻斯特地区帮派和枪支问题的项目获得了资金支持。这同时也体现了项目在各个实施层面上所面临的挑战。

南曼彻斯特因其猖獗的帮派活动和枪击事件而声名狼藉，不幸被贴上了"枪支泛滥"的标签。为了应对这一严峻问题，政府批准了一项耗资50万英镑的项目。英国内政部的研究人员与大曼彻斯特警察局的文职人员携手，对青少年帮派和枪支犯罪问题进行了初步分析。他们精心提取和搜集了必要的数据，基于这些数据的分析结果，制定了一项跨机构战略。该战略汇聚了警察、缓刑服务、地方当局各相关部门以及青少年犯罪小组的力量，旨在打击与枪支相关的犯罪行为和帮派成员实施的严重暴力攻击。一旦发生上述行为，跨机构小组将展开高度公开、协调一致且多方面的打击行动。人们寄望于这种集体行动能够对帮派成员产生震慑效果，从而在他们之间引发警惕，打破帮派间的枪击循环。这种突破预期将为实施其他措施创造条件，以便有效地防止青少年加入帮派，并帮助他们脱离帮派生活。项目还纳入了社区参与要素，旨在加强跨机构小组对战略的归属感，并赢得更广泛的公众支持。该战略的核心目标是减少青少年枪击受害者的数量，这一目标有望获得民众的普遍支持。该项目灵感源自波士顿枪支项目（本书前几章已有论述），并且该项目成立了一个由警察、督察领导的项目小组。小组成员包括来自住房部门、缓刑服务、青少年犯罪小组和社会服务部门的代表，以及参与初步数据分析的警方人员。此外，两名前青少年帮派成员也将贡献他们的经验和见解。

在这种背景下，所提供的服务与最初设定的战略相去甚远。在推荐了100多项潜在的干预措施之后，最终只有31项得到批准，而实际实施的措施仅为一半。这主要是因为警方并未展开针对青少年帮派的打击行动，更别提跨机构的联合行动了。在实际操作中，许多被指派参与项目工作的人员对于采取执法行动感到不适，尽管他们最初表示支持该战略。这种态度导致他们与那些在项目中支持执法的人员产生了冲突。项目的重点对象是帮派成员、处于帮派边缘或被认为有加入帮派风险的个人。虽然在项目执行期间仍有可能采取强制措施，但对于那些不愿合作的人来说，这往往只是一种威慑，实际上很少被采用。虽然确定了大量的潜在帮助对象（约800人），但只有一小部分人（约80~100人）能够得到关注。这种选择性导致了团队内部的争论。除了关注个人之外，项目还致力于制定一个旨在抵制青少年帮派的教育计划。尽管在资金耗尽前这些计划未能启动，但它们突出了当地机构对青少年帮派和枪支问题的重视，并且它们与社区接触的努力也是值得认可的。

在曼彻斯特实施的活动并非一无是处，然而无可否认的是，最初的战略设想与最终的实施结果之间存在着明显的鸿沟。计划中的许多措施未能得以落实，而采取的行动往往是在项目组内部存在深刻分歧的情况下推进的。

复制

小型示范项目在犯罪预防领域颇为常见，其核心目标在于积累经验，为他人提供可借鉴的模版，并预示着未来的积极潜力。柯克霍尔特入室盗窃预防项目无疑是英国迄今为止最具影响力的犯罪预防示范之一。在罗奇代尔一个犯罪率居高不下的住宅区，该项目显著降低了家庭入室盗窃案件的数量，从三年前的每100户家庭发生25起降至每100户家庭仅发生6起。这一明显的成效激励了其他地区，使其纷纷效仿。在柯克霍尔特项目的报告发布之际，"更安全城市计划"正逢启动（蒂利，1993b；1996）。当时，全国范围内的入室盗窃案件频发，仅1990年的案件数量就占所有记录犯罪案例的12%。鉴于家庭入室盗窃案件给受害者带来的深刻痛苦，它成为了政策制定的重中之重。

对于那些希望借鉴柯克霍尔特计划的人们来说，他们面临的挑战在于识别出该计划中哪些元素是值得模仿的，以及在被认为是关键的成功因素中，需要保持多少以及何种程度的相似性。完全复制柯克霍尔特计划是不现实的，因为不同地区在规模、犯罪模式、负责实施计划者的个人能力以及资金支持等方面都存在不同程度的差异。此外，计划的具体内容及其执行细节极具复杂性。在决策过程中，进行一定的解读和选择是不可避免的（即使这一过程是在无意识中进行的）。在这种背景下，不同的复制项目分别从柯克霍尔特计划中选取了不同的特点作为其关注的核心。表 6.2 展示了柯克霍尔特计划与其复制项目之间的若干对比。显而易见，它们在条件、资源和策略实施方面各有千秋，而且项目相关的犯罪模式变化也各有不同，但这一点并不令人感到意外。

表 6.2　柯克霍尔特及其预期的复制品

贡献	柯克霍尔特	复制 1	复制 2	复制 3
地位和资金	示范项目：30 万英镑	更安全城市计划：95000 英镑	更安全城市计划：55000 英镑	更安全城市计划：51150 英镑
面积范围	2280 户	8000 户	835 户	3936 户
初始盗窃率	每 100 人中有 25 人	每 100 人中有 6 人	每 100 人中有 9 人	每 100 人中有 5 人
干预	为受害者提供"茧"（小型家庭监护）；拆除预付电表；安全升级	热点社区关注小组；安全升级	安全升级	安全升级
瞄准	受害者	议会租赁受害者；住房协会租赁受害者；其他弱势租赁者	所有房地产居民	受害者；有风险的家庭
方法	初步和持续的当地研究通知重复受害重点和使用当地相关措施	始终进行本地研究；选择性重复受害加上弱势租赁重点	加强目标安全性保持焦点关注	最初的犯罪地图分布重复遭受犯罪加上保持焦点关注

截至目前，我们对于何为项目实施的成功因素仍然不甚明

了（对于那些尝试复制的人来说，也同样存在困惑）。在这种情境下，"失败"（如果这个词可以被恰当地使用）几乎是难以避免的。正如先前所提及的，对柯克霍尔特计划的整体复制是不现实的，同时，那些尝试复制的人也未能明确哪些是项目中的关键成功因素。

主流化

主流化与复制虽然存在一定的相似性，但它们并非完全等同。主流化指的是将一项服务或干预措施推广至更广泛的范围，或是使其成为常态，这项服务或干预措施可能已经在特定时期或特定地点得到实施，并且显示出了一定的成效。在此基础上，复制过程中常见的不可避免的困境在很大程度上得到了缓解，因为现有的做法仅仅是被放大和融入到了日常运作之中。

基林贝克家庭暴力倡议项目是位于西约克郡利兹市的一个标杆性示范计划（汉默等人，1999年）。家庭暴力不仅是一个典型的犯罪现象，而且往往伴随着严重的重复受害问题。基林贝克项目采用了一种创新的预防策略，其核心逻辑在于实施分层响应机制，即在警方注意到重复受害事件后，逐步增强干预措施的强度。这种策略取得了显著的效果，使得重复报警的比例显著降低（一次性解决问题的出警比例从66%提升至85%），并且重复受害事件的发生间隔也显著延长。

主流化计划在西约克郡得到了广泛应用，并在应对种族主义和针对同性恋的仇恨事件方面展现了卓越成效（汉默，2003）。

表6.3展示了该计划采用的分层响应机制，其中干预的级别和类型根据重复受害事件的频次进行了灵活调整。这种策略

确保了受害者能够获得逐步增强的保护和支持,同时,对犯罪分子施加了更为严格的执法措施。

该计划初衷是作为应对重复受害事件的标准化、一致性和基于证据的战略,然而在实际操作中,由于对初始模式忠诚度的缺失,出现了执行不一致的问题。优先级的变化、培训的不均衡和不一致、试图将模型与当地现行做法融合的努力,以及官员对自由裁量权的运用,均导致了计划偏离既定目标。在干预强度未能持续提升且过度依赖警官对事件严重性的主观判断时,结果往往会导致对重复事件应对强度的降低。此外,项目在准确记录方面存在疏漏,这对于追踪案件和实施分层响应至关重要。记录的粗略和官员的自由裁量权使用,意味着即使在前期已证明分层干预强度模式有效的情况下,也从根本上偏离了这一严格的模式。

表 6.3 西约克郡基林贝克主流化模式

干预级别	受害者	犯罪者 普通法犯罪 *	犯罪者 刑事犯罪
第一等级	●收集信息 ●信息信 ●警察监察	●重申强制政策 ●第一次官方警告 ●信息函	●法官-有条件的救助/检查 ●警察观察 ●信息函
第二等级	●信息函 ●社区警察访问 ●破茧观察和警察观察 * ●目标硬化特性	●重申强制政策 ●第二次官方警告 ●警察观察 ●信息函	●地方法官——反对保释/检查 ●警察观察增加 ●信息函 ●皇家检察院的档案夹和家庭暴力历史

续表

干预级别	受害者	犯罪者 普通法犯罪*	犯罪者 刑事犯罪
第三等级	• 信息函 • 警察观察 • 家庭暴力官员访问 • 机构会议 • 恐慌按钮/数据电话	重申强制政策 第三次官方警告 警察观察 信息函	• 法官-反对/检查 • 警察观察增加 • 信息函 • 皇家检察院文件夹套和家庭暴力历史记录并联系皇家检察院
紧急干预	实施-记录行动原因	不适用	实施并记录采取的行动水平

* 普通法罪行主要是破坏和平。

* 破茧观察要求邻居、家人和相关机构提供帮助和支持,以进一步保护受害者,如果再发生事件,立即与警方联系。只有在受害者知情同意的情况下,才会实施破茧观察,并让犯罪者知道这一行动。

来源:汉默(2003)。

工作风格

"问题导向型警务"是赫尔曼·戈尔茨坦(1990)提出的一种警务工作理念。其核心理念颇为直接:警方应将重点放在解决或减少公众密切关注的、与警务相关的问题上,而不仅仅是被动响应人们的呼叫。此外,他们应根据对策的可能效果来制定策略。这种方法往往与传统执法和巡逻手段有所不同,它还常常涉及到第三方的协作,因为警方可能无法单方面实施最有效的解决措施。虽然问题导向型警务有时会以不同的名称出现

（例如，协助问题解决或解决问题的警务），但其核心原则始终如一。

正如我们在前一章所探讨的，记忆法 SARA（即扫描、分析、响应和评估）常被用来概括问题导向型警务在实践中的关键步骤。这种方法强调，警察（以及他们的合作伙伴）必须系统地识别并优先排序问题，进而对这些问题进行细致的分析，以锁定"关键干预点"——那些能够最有效地采取行动以减少或解决问题的地方。基于这一分析，他们会设计一套对策，这可能包括与社区成员或其他第三方机构的合作。随后，对问题处理的成效进行评估，并从中吸取经验，为未来的工作提供指导。在实际操作中，这个看似简单的四阶段模型往往需要经历多次迭代，因为扫描和分析的反馈以及响应过程中的经验教训可能会要求进行新一轮的分析和策略调整。

我们很容易被问题导向型警务工作的魅力所吸引，因为这种做法本质上似乎是基于直观的常识。它承诺提供一种有效的社区问题处理方式，并为任何层面的问题解决提供了基本且务实的方法。这种方法的核心在于，根据问题的本质和可利用的关键干预点，在从地方基层组织到地方政府、警察部门乃至国家层面寻找解决方案。表面上，这种做法似乎不可能遭到反对，但在实际执行过程中，却遇到了众多挑战。尽管在过去十多年中，英国某些地区已经进行了广泛且持续的尝试，但没有任何一个警察部门能够完全成功地实施这一模式，其他地区或国家的情况也大致相同（克努特松，2004；斯科特，2000）。

在一项全国范围的、旨在探讨问题导向型警务引入的研究中，我们发现了一系列在实施过程中的薄弱环节（雷德和蒂利，

2000)：

- 对问题的分析不透彻，缺乏分析人员，分析人员未能专注于确定和研究如何减少犯罪。
- 各机构之间的数据共享受到限制，数据质量存在缺陷。
- 未能利用减少犯罪的专家和专业人员来制定基于证据的对策。
- 没有足够的时间来制定和实施解决问题的策略。
- 只关注地方上的低级问题，而忽视了在地方当局、部队、地区或国家层面上的问题解决。
- 粗糙的绩效管理安排，虽然形成了工作重点，但这些重点却不是公众关注的地方问题。
- 对评价结果不够重视，而且在进行评价时，存在严重的技术缺陷。
- 伙伴关系对问题解决的参与不足。

近期英国针对问题导向型警务工作的研究，对两个长期倡导此做法的警察部门的工作模式进行了深入的分析。研究发现，尽管警方在问题解决上不断努力，但在实施过程中仍暴露出了一些显著的缺陷（布洛克等人，2006）。

我们不应将实施上的不足仅仅局限于减少犯罪的努力（例如，参见斯曼和威尔达夫斯基的经典研究，1973；以及派克最近的论述，2006），这些弱点在其他政策与实践领域同样普遍存在。令人诧异的是，这些实施上的失败往往被忽视。相反，人们过于轻易地将这些失败归咎于个人或组织的缺陷。在讨论实施问题时，人们常常以幽默的口吻自嘲"我们把一切都搞砸了"，然而这并非一个可以一笑置之的问题。

在实施过程中，往往会遭遇多种变数，这些因素可能会对实施的顺利进行造成影响：

• 对常规的挑战：在犯罪预防领域，每当政策、实践或服务提供需要调整或创新时，便会在实施过程中出现难题。这些必要的变革要求我们对既有的常规做法进行改革。然而，这些惯例往往已被个人或组织视为自身利益的保障，因此他们进行大量的投资以维持现状。

• 利益冲突：现行实践、固有的信念、文化认可的关系、奖励体系、基本假设以及工作模式，为众多日常运作的参与者提供了存在的意义和物质上的安全感。新的犯罪预防政策和实践所倡导的创新与变革，实际上或被认为可能威胁到这些既得利益。因此，对这些新举措的怀疑和抵制是一种预料之中的反应。

• 自由裁量的运用：正如利普斯基（1980）所指出的，一线执法人员在实际推行新措施时拥有自主决策的空间，他们可以行使自由裁量权。如果他们认为新措施可能颠覆现有秩序，或者预计到可能带来的不利后果，这些官员可能会选择利用他们的自由裁量权来规避潜在的损失，从而保护自身利益或维持现状。

• 自主与互惠的张力：社会学家阿尔文·古德纳（1959；1960）揭示了组织成员在追求和维护其自主性方面的努力和组织核心为维持对这些成员的掌控所付出的努力之间，存在着一种固有的紧张关系。这种紧张关系不仅存在于单个机构内部，也体现在声称合作的多个机构之间。因此，期望他们自愿为了共同的集体目标而放弃部分自主权，实际上是一种不切实际的设想。

- **开放系统视角**：犯罪预防计划与实践在开放系统的环境中运作，这意味着外部事件和不断出现的新需求有可能引发新的、不断变化的优先级排序。这些动态的优先级排序往往对新兴工作模式构成了挑战，甚至可能在它们得以稳固嵌入之前，就已经对其造成了潜在的破坏。
- **基础设施的重要性**：新项目往往依赖于多样化的基础设施支持，包括专业的工作人员、必要的设备、数据资源、交通工具、办公场所、系统培训以及行政流程。然而，这些支持要素的获取往往需时甚久，缺乏这些基础条件将直接削弱项目的执行能力。不幸的是，有时项目可能会在尚未具备成功实施所需全部条件的情况下，就被过早地贴上失败的标签。
- **理论与实践的转化挑战**：犯罪预防方案和举措实质上是理论的具象化（帕森和蒂利，2005）。这些方案融合了预期的犯罪控制策略与实际操作中的因果推断。然而，现实中负责在地执行的个体可能并不完全接受或理解这些理论。人员变动、现有机构的固有传统，以及观点上的分歧，都可能导致理论预期与实际操作之间的不一致。理论越是复杂，涉及的组织机构越多，理解上的偏差就越可能导致实践中的失败。因此，在犯罪预防的合作网络中，这种实施上的失败往往有了滋生的基础，它们成为失败根源的温床。

显然，新提出的工作模式方案在实施过程中显得尤为脆弱，极易因多种因素而偏离既定轨道。同样关键的是，预防性干预措施通常需要根据当地情况进行适度的调整，面对计划之外的紧急事件，必须具备一定的灵活性以适应变化。因此，机械地遵循详尽的方案指令并不可取，这种做法可能导致实施的失败。综上所述，采取一种融入了知情决策和人文关怀的灵活实施方案是更为明智的选择。当我们观察到方案的理念与实地行动之间出现严重偏差时，这往往预示着实施过程中的失败风险。

表6.4显示了常规实施失败的来源与前面概述的5个示例之间的关系。

表 6.4　反复实施失败的系统性来源

	大规模：减少犯罪计划	项目：曼彻斯特帮派和枪支	复制：柯克霍尔特减少入室盗窃	主流化：基林贝克家庭暴力	工作风格：问题导向的警务
常规中断	大多数组成项目都需要改变和适应	地方当局部门和优先权和操作实践的缓刑变更	?	现有的警察做法	从既定的应对警务方法转变
受威胁的利益	警察	保卫地盘的机构团体	?	当地警察部队	传统警务方法专家
行使自由裁量权	当地合作伙伴决策	缓刑和青少年犯罪小组客户责任	?	当地警察种族歧视犯罪警务	忽视各级问题解决的范围
自治与互惠	警察和内政部的紧张关系	缓刑和项目工作人员与领导层之间的紧张关系	?	一线官员的自由裁量	合作伙伴的忽视和挫折

续表

	大规模：减少犯罪计划	项目：曼彻斯特帮派和枪支	复制：柯克霍尔特减少入室盗窃	主流化：基林贝克家庭暴力	工作风格：问题导向的警务
开放系统	部长和犯罪级别	并行法庭案件防止需要宣传	?	相互竞争的优先事项	绩效指标优先事项
基础设施	出价合作伙伴和内政部的能力	项目领导缺乏经验和紧张局势	?	培训；中心方向；数据库	数据质量，可用性和分析；培训
理论翻译	投标合作伙伴对犯罪预防缺乏了解	项目工作组缺乏了解或承诺	所有项目对柯克霍尔特的理解各不相同，也各不确定	非专业人员缺乏了解	没有在当地节奏上来解决问题

注："?"出现在咨询来源没有证据的地方。

本章总结

成功预防犯罪的一个关键要素显然在于措施的有效实施，而要判断措施是否真正有效，我们必须确认它们是否得到了正确的执行。对于一些缺乏想象力的人来说，实施可能是一个乏味的话题，但对那些富有创新精神和创造力的人来说，它却充满了挑战与魅力。声誉的建立往往基于创新，而不仅仅是日常问题的解决。因此，我们有必要确保措施得到精准实施，并按照预期运作。当然，实施过程中的失败在所难免，但并非不可克服。颇具讽刺的是，除了最为简单的措施之外，几乎所有成功的实施似乎都离不开杰出人才的贡献。这些人才的名字因此令人难忘，如大卫·弗雷斯特、西尔维娅·切佛利、斯图尔特·科比、迈克·巴顿和麦克斯·麦克莱恩等，他们都是在英国犯罪预防领域杰出的人物。基于这一点，我们在可能的情况下，有充分的理由选择简单而非复杂的预防措施来对抗犯罪，以提高实施的成功率。

作为一个粗略的实践指南，实施失败的可能性与以下因素成正比：

- 政策/项目或计划设计师的天真乐观；
- 干预措施的数量；
- 涉及的独立机构/部分机构的数量；
- 单独问责制的数量；
- 自由从业者实施自由裁量权的空间；
- 人员，特别是领导者变更的次数；
- 各级领导人的漠不关心；
- 倡议背景的可变性。

对于那些对有效实施犯罪预防措施充满热情的人士来说，他们应当努力规避可能导致失败的情形，并积极寻找那些具备卓越能力的人才来负责并推动这些任务的完成。

思考练习

1. 是谁负责并拥有能力确保犯罪预防项目的方向不会偏离正轨？你将如何劝说那些有能力的人士承担这一重要责任？
2. 对于减少商店盗窃这一任务，谁是负责并有能力采取行动的关键主体?你将如何说服他们肩负起这一责任?

3. 针对最近宣布的减少犯罪倡议,请预测可能遇到的实施挑战。我们应该采取哪些最有效的策略来应对和解决这些问题?

4. 在犯罪预防计划中,实施失败是否在所难免?如果是,我们该如何最小化这种失败的可能性?

进一步阅读

On leverage of third parties capable of reducing crime see Scott, M. (2005) "Shifting and sharing police responsibility to address public safety issues", in N. Tilley (ed.) *Handbook of Crime Prevention and Community Safety*. Cullompton: Willan Publishing.

A classic study of implementation is Hope, T. and Murphy, J. (1983) "Problems of Implementing Crime Prevention", *The Howard Journal*, 23.

For a series of essays discussing various implementation problems, see the collection by Bullock, K. and Tilley, N. (2003) *Crime Reduction and Problem-Oriented Policing*. Cullompton: Willan Publishing.

第七章
评 估

　　投资对于评估的意义，仅在于我们能够从中吸取对未来行动具有指导价值的经验。评估只有在技术上是严谨的、结果被坦诚地公开并且得到恰当的理解时，才能为我们提供宝贵的教训。不幸的是，过去许多犯罪预防评估的工作甚至未能满足基本的技术严谨性要求。两位熟练且经验丰富的评估专家指出，"大量未发表或部分发表的研究，甚至未能达到评估诚实度的最基本标准"（埃克布洛姆和皮斯，1995）。这种做法不仅浪费了本可以更有效利用的资源，更严重的是，评估中发现的缺陷被忽视，导致我们得出误导性的结论——有效的策略被舍弃，而无效的做法却被推广。此外，还可能发生的情况是，出于好意但实际有害的干预措施得到了不当的鼓励。

　　我们可以理解，为何会有许多不够充分或具有误导性的评估报告被制作和发布（参见蒂利，2000b）。这往往源于资助机构对"评估"的例行要求，而这些要求往往并未对评估工作的质量提出严格的标准。通常，这些机构缺乏足够的资源来进行深入的评价工作，导致评估的预算被优先用于更显眼的服务提供。评估工作常常在项目即将结束时才启动，但此时重要的数据可能已经丢失，难以恢复。负责评估的人员往往缺乏必要的技能和经验，这不可避免地导致了在测量和方法论上的缺陷。

他们还承受着巨大的压力，需要构建一个成功的故事来满足资助机构或上级的期望。这些资助机构或上级出于自身利益的考量，有动力展示项目的正面成果，而评估工作往往在这样的压力和背景下匆匆完成。

评估任务往往落在那些资历较浅或在其他方面需要满足"好消息"需求的个人身上。在解读评估结果时，他们可能会不自觉地受到主观愿望的驱使，倾向于强调积极成果，或对负面结果进行粉饰，以迎合委托人或发布评估报告的机构。当评估报告公之于众时，其阅读和应用同样可能受到个人利益、意识形态和不同水平的理解能力的左右，导致人们有意识或无意识地得出偏颇的结论。

评估中存在的问题往往被过分强调。在那些具有一定技术专长的群体中，尽管评估工作在方法论上可能存在根本性的争议，但他们大体上还是会对评估研究的生成过程及其使用方式表示一定的认可（帕森和蒂利，1997）。

犯罪预防评估工作中面临的一般问题

数据质量

犯罪数据的官方记录，如警方记录，普遍存在众所周知的问题（伯罗斯等人，2000；波维，2000）。尽管英国在犯罪数据的基本分类方法上已经取得了进步（审计委员会，2007），但这并不意味着所有犯罪行为都会被上报，更不用说所有上报的犯罪都能得到记录。对于众多犯罪类别来说，得以解决的案件仅占很小比例，导致犯罪者的特征往往难以确定。涉及受害者、事件和犯罪者的记录容易有错误和模糊性，尤其是在姓名、地址、年龄、使用的武器类型、犯罪手法和种族等信息的记录上。此外，记录的保存格式可能使得数据分析变得极为困难，例如，被盗物品的列表可能简单罗列，所使用的类别既不互斥也不全面，有时甚至与国家级统计所采用的类别不匹配。数据收集的自愿性、报告犯罪的动机以及犯罪记录中使用的类别都可能随时间而变化，因此我们无法假设数据中的缺陷会平均分布或保持长期稳定。

我们也时常开展犯罪受害者调查以收集数据。在国际范围内，这种调查方法已被广泛采用（例如，参见范戴克等人，2007），许多国家都实施了各自国家的受害者调查。以英国为例，1982年在英格兰和威尔士首次进行了相对温和的犯罪调查，而现在，每年都会开展一项涉及大约40 000名受访者的持续滚动调查（霍夫和麦克斯菲尔德，2007）。犯罪受害者调查规避了数据记录中的一些难题，但同样存在其特有的局限性。为了使社会调查具有强有力的可靠性，需要一系列技术支持，以确保收集到的数据具有真正的参考价值。调查问题的构造和顺序对调查结果有着显著影响，而调查中问题的微小变动都可能改变受访者的回答模式。受访者的记忆可能并不可靠，他们在回忆过去事件时可能会记错时间或细节。确定合适的抽样框架（即选取样本的人口群体）可能极具挑战性，因为往往难以获得涵盖相关受访者和其他群体的完整名单。这类调查常面临受访者不回应的问题，而且我们无法确定不回应者与回应者之间是否存在显著差异。鉴于犯罪对大多数人来说是一个相对罕见的事件，因此进行此类调查通常需要庞大的样本量（即足够多的受害者），以便从收集到的调查数据中得出关于犯罪水平的有效比较。这也使得调查数据的收集成本变得相当高昂。

监测

评估工作针对的是一系列犯罪干预措施。若不详细记录事件的性质、地点、时间、方式以及目标对象，我们便无法了解所采取的具体措施，更不用说对其效果进行评价了。正如前一章所讨论的，预期的干预措施很少能够完全按照计划执行，而且计划本身往往具有一定的模糊性。此外，记录的保存在实践中往往是不完美的，因为参与行动的人员往往缺乏记录他们行动的热情。即便存在记录，也往往是选择性的，因此难免有所遗漏。除了记录干预措施本身带来的变化外，我们还必须详细记录可能影响犯罪模式的其他变化。然而，这种全面的记录工作往往没有得到应有的重视和执行。

内部和外部有效性

在确保评估结果的内部和外部效度方面，我们面临着显著的挑战（沙迪什等人，2002；埃克，2002）。内部效度关注的是干预措施与其假定效果之间的直接关联。在观察到的变化中，我们不禁要问：这些变化是由干预措施引起的，还是由其他未被考虑的因素所导致？而外部效度则与结果的普遍适用性相关联。我们能否合理地推断，相同的干预措施在不同的地点或不同时间条件下也能产生类似的变化？这一问题关乎我们对于干预措施效果一致性的信心。

表7.1详细列举了常见的内部有效性威胁（沙迪什等人，

2002)。我们可能会倾向于将观察到的变化简单地归因于干预措施，然而实际情况可能更为复杂。同样，我们也可能忽视了干预措施实际产生的效果，尤其是当对照组也经历了改善，这可能会误导我们，让我们认为干预措施并未产生影响（如表7.1底部所示例）。因此，为了规避这些潜在的威胁，我们必须对干预组和对照组进行持续的监测和评估。

表7.1 对内部有效性的威胁

对内部有效性的威胁	解 释
历史	无论如何，如果没有任何干预，就会发生一些变化
成熟	不管干预如何，受试者都会朝着变化的方向成熟
测试	测量创建的变化不是干预措施本身
工具	测量方法发生了变化，并在没有变化的情况下产生了真正变化的印象
统计回归	矫正目标从一个极端的位置开始，自然会倒退到平均水平，而不需要任何干预
季节性	变化可能是与采取的措施无关的一组常规节奏的一部分
选择	那些被选中接受矫正的人是非典型的，特别容易受到影响
死亡率	愚蠢的出局者可能与坚持到底的人不同，后者无论如何都可能改变
与选择的互动	选择偏差可能与内部有效性的其他威胁相互作用，例如选择成熟
关于因果关系方向的模糊性	明显的影响可能与矫正有关，但也可能是导致矫正产生影响

续表

对内部有效性的威胁	解　释
传播或模仿矫正	未经矫正或未经矫正的地区（出于比较目的）可自行采取干预措施
矫正的补偿性均衡	那些没有接受矫正（并用于比较目的）的人可能会得到额外的服务，以弥补给予目标群体矫正的失误
接受不太理想矫正的受访者的补偿性竞争	那些未接受矫正（并用于比较目的）的受试者可能会特别努力地与矫正组或矫正区域的患者平起平坐或优于矫正组或区域的患者
不太受欢迎的受访者的沮丧情绪	那些没有接受矫正（并用于比较目的）的人可能表现不佳，因为他们感到被忽视和怨恨

若以吸取经验为评估的核心目标，外部效度的重要性不言而喻（埃克，2002）。固然，我们需要确认某项特定措施在特定地点、特定时间对特定群体所产生的影响，以对内部有效性问题给出令人满意的答复。然而，这种确认本身并不具备太多价值，除非它能告诉我们，在另一地点、另一时间对另一群体实施相同措施时，我们能够合理预期哪些结果。"同一"措施在不同评估情境中效果各异，这一现象凸显了外部有效性问题的紧迫性。遗憾的是，对于外部有效性问题的探讨，大多数人并未给予充分的关注。表7.2概述了影响外部有效性的若干威胁，旨在引起对此问题的重视。

表 7.2　对外部有效性的威胁

对外部的有效性	测试地点从不完全相同,细节可能对所带来的影响很重要
受害者属性	受害者属性的模式因地点而异,细节可能对所带来的影响很重要
罪犯/可能的罪犯属性	罪犯/可能罪犯属性的模式将因地点而异,细节可能对带来的影响很重要
介入属性	参与提供干预的人员、领导者、一线工作人员或代理机构将因地点而异,细节可能对带来的影响很重要
社区/家庭/同伴群体属性	嵌入罪犯和受害者的社会关系模式因地点而异,细节可能对所带来的影响很重要
干预属性	所做的事情永远无法准确复制,细节可能对所带来的影响很重要
非犯罪选择	其他可能犯罪的非犯罪行为因地点而异,细节可能对所带来的影响很重要
犯罪选择	对于那些会犯下某种特定类型罪行的人来说,不同的犯罪可能性因地点而异,细节可能对所带来的影响很重要
干预强度	针对目标人群,地点或犯罪问题的干预强度因地点而异,其水平可能对带来的影响很重要

统计问题

在统计分析的领域中,我们面临着众多挑战和问题。这些问题涵盖了样本量的决策、显著性统计检验的选择、效应量的准确测量、恰当的指标索引、确定衡量比率和比率变化的合适分母、预估预期的再次受害率、计算干预措施的成本,以及收益的货币化和时效分析。这些复杂的技术难题都要求我们积极应对、逐一解决，并力求得出令人信服的结论（参见沙迪什等人，2002）。在这一过程中，我们不断地追求精确性和统计结果的可靠性，以确保我们的分析能够为决策提供坚实的数据支持。

捕捉副作用

在先前的章节中，我们探讨了利益转移和扩散的问题，它们分别是情境犯罪预防措施可能带来的负面和正面副作用。同时，我们也探讨了以犯罪者为中心的措施可能引发的强化犯罪者身份标签的效应。人们普遍认识到，有时措施的影响可能远远超出实施者的初衷，正如混沌理论家所喜爱的比喻：蝴蝶在一个角落扇动翅膀，可能在世界的另一端引发一场龙卷风。这个比喻强调了，在复杂系统中看似微不足道的事件可能引发巨大、广泛且深远的连锁反应。尽管我们希望通过评估工作捕捉到所有干预措施产生的所有影响，但这可能并不现实。然而，只要我们能够识别出与犯罪相关的意外后果，就已经是极大的进步了。因为如果我们对这些后果一无所知，就无法准确评估干预措施的净效果，而这些后果往往难以精确量化。因此，我们的目标应当是在尽可能的范围内，揭示并理解这些复杂干预措施的综合影响。

评估选择

在上一节中提及的挑战对于大多数有经验的社会科学家而言是熟知的。他们在设计评估研究时，会仔细考虑这些问题，并尽可能地妥善解决。即便在存在不确定性的情况下，他们也会对研究结果进行审慎的解读，并提出必要的警示。几乎无一例外地，他们都认同一个现实：我们很难获得无懈可击的证据，我们更多时候得到的只是程度不同、可能存在偏差的证据。而非社会科学家或初入行业的社会科学家可能会忽视我们所提及的许多或所有问题。他们可能会断言当前的评估结果已经足以证明干预措施的有效性或无效性。决策者或政治家在审视评估报告时，往往期望得到明确无误的结论。当评估员提醒现有的评估工作仍有改进空间时，决策者或政治家可能会显得缺乏耐心。经验丰富、能力出众的评估员倾向于保持克制，避免对研究内容进行过多的推测，他们通常只陈述那些经过证实的事实。

经验丰富且能力出众的社会科学家们通常达成了一个共识：我们在方法论上拥有广阔的改进空间，并且在评估工作的充分性和适宜性方面存在多样的观点。以下，我们将概述一系列广泛采用的方法，同时探讨它们的优点、缺点以及相互之间的关联性。

随机对照试验

随机对照试验，在医学研究中被广泛推崇，它通常指的是随机化的临床试验。其核心逻辑简单明了：通过随机分配潜在参与者进入试验组和对照组，以确保两组在基本属性上尽可能匹配。在治疗前和治疗后对参与者进行测量，两组之间的任何差异都被认为是治疗的直接结果。在对照组中，有时不进行任何治疗，或使用安慰剂、标准治疗，甚至是这些方法的组合。在某些研究中，还会设立仅进行后果测量的对照组，以控制未接受治疗的参与者在测量前后的潜在变化。在理想的随机对照试验中，参与者、治疗提供者、评估者以及统计分析人员都应保持"盲性"。这意味着，无论是接受治疗的患者还是未接受治疗的对照组，以及进行治疗的人员、进行评估的测试者、执行统计分析的专家，都不知道具体的治疗分配情况。这种"盲性"旨在避免期望效应影响参与者的反应、治疗的质量、评估的准确性以及统计分析的客观性。理想的随机对照试验旨在通过排除除治疗本身的生化作用以外的所有外部因素，从而使试验结果具有明确的解释性。这种试验的根本目的是确定治疗是否能够带来预期的益处，并评估其是否可能导致意外的负面效果。其中一个基本原则是，随机对照试验能够将潜在的伤害风险降至最低，从而减少治疗导致参与者状况恶化的可能性。

尽管医学领域是随机对照试验应用的典型领域，但这些试验的对象可以多样化，包括教室、田野、植物、帮派、老鼠、鸽子、社区乃至城市等。此类实验要求样本数据量足够庞大，以便充分验证试验背后的假设。这涉及到预期的效应量——即我们需要确定在试验组和对照组中分配多少个试验单位给受试者，才能在统计上得出可靠的结论。这种设计确保了实验结果的有效性和可信度，为科学研究和实践提供了坚实的证据基础。

随机对照试验因其设计优势而极具吸引力，它们能有效减少或消除表 7.1 中所提及的诸多对内部有效性的威胁。此外，随机对照试验能够提供关于效果大小的量化测量，这在进行成本效益分析时尤为宝贵。通过这些测量，我们能够预估预防特定问题的案例数，若再结合处理成本和问题本身的成本估算，便能计算出投资的回报率，进而优化公共财政资源的分配决策。随机对照试验的另一大优势在于其结果具有较高的可信度，这一点已得到广泛认可。然而，这种实验方法也存在一些局限性：

1. 尽管随机对照试验在内部有效性方面表现出色，但其外部有效性通常要弱得多。随机分配的群体总是局限于特定的时空背景之中，这是无法避免的。从逻辑上讲，我们不能简单地将一个群体在特定地点和时间点产生的效果推广到另一个群体或不同的时间和地点。在实际情况中，这可能并不构成重大问题，前提是我们能够合理假设群体在相关特征上是恒定的。然而，如果我们无法做出这样的假设，那么就存在将结果泛化的风险。特别是在考虑犯罪者、受害者以及犯罪行为时，这种关于恒定性的假设往往备受争议。

2. 随机对照试验往往始于志愿者群体。我们仅能从那些同意参与随机分配的人群中归纳结论，而志愿者可能并不完全代表更广泛的潜在处理对象或目标人群。

3. 当试验的对象涉及较大的实体，如国家、城市或社区时，实施随机分配至试验组或对照组的条件往往是不现实的。在这种情况下，传统的随机对照试验设计可能面临不可逾越的实操障碍。

4. 绝大多数社会项目，特别是那些旨在减少犯罪率的举措，往往无法简单盲目地采用随机对照试验这种方法。在进行此类项目的实施与评估时，需要考虑到更多复杂的社会因素和实际操作的限制。

5. 医学试验的核心目的是消除受试者对干预措施的认知以及对结果的潜在影响。然而，在大多数社会项目中，尤其是在犯罪预防的领域，参与者对干预措施的理解往往是实现项目效果的关键途径之一。因此从这个角度来看，随机对照试验在社会科学研究中的应用价值，相较于医学试验来说，要显得更为有限。在社会项目中，对干预措施的认知和参与者的主观能动性往往是促进项目成效的重要因素，这与医学试验的追求存在显著差异。

6. 在实际操作中，犯罪预防项目的构成往往表现出显著的动态性、多变性和特定性。这些项目通常涉及一系列复杂的干预措施，这些措施时而相互交织，时而独立运作。随机对照试验更适合于那些以标准化方式针对明确人群实施的简单且单一的干预措施。然而，减少犯罪的计划很少具备这样的简单性。面对复杂的干预措施，随机对照试验往往难以区分哪些是有效的因素，哪些是无效的，从而难以准确评估各项措施的影响力和成效。

7. 随机对照试验在评估干预措施的总体净效应方面具有显著优势。然而，当干预措施在不同子群体中产生各异的效果（这种情况并不罕见）时，随机对照试验可能无法捕捉到这些差异性的作用，从而忽视了干预措施在不同人群中的异质性影响。

8. 最后，当非接受处理者错过了原本可能通过随机分配获得的实验组好处时，伦理问题偶尔会浮现。然而，这种批评在很大程度上是不公平的，因为干预结果往往是不可预测的，既有可能产生负面效果，也有可能带来正面影响。因此，随机分配并不保证实验组一定会获得优势，这也减轻了伦理上的担忧。

非随机对照/试验组比较设计

由于某些干预措施进行随机对照试验的成本高昂，且常常面临实际操作上的挑战，我们有时会采用未达到随机对照试黄金标准的评估设计，尤其是当试验单元扩展到更大的范围，如社区层面时，这种替代方法尤为常见。这些评估设计选定一个或多个群体或社区作为对照组，以便与实施干预的相应区域或群体进行对比。与随机对照试验类似，这种设计通过比较干预组和对照组的前后测量差异来评估效果的大小。通常，对照组的选择基于人口统计、住房类型、社会阶层构成和经济贫困程度等方面的相似性。理想情况下，对照组的犯罪模式应与干预组保持一致，尽管在实际操作中这一点往往难以确保。通常情况下，试验区域作为对照组的选择是在比较区域确定之前就已经做出的。在这种情况下，随机分配显然不可行。提前选定试验区域往往取决于寻找有意愿或有兴趣的个人、机构和支持项目的社区，以及获取必要的资源。非随机对照试验的控制/试验组比较设计不仅继承了随机对照试验的一些局限性，还引入了额外的挑战：

1. 在现有的最先进的随机对照试验中，我们并未观察到致盲现象。

2. 实际操作中，采用随机分配的方法极为罕见。

3. 在选定干预区域或组的基准时，仍然存在选择比较区域或组的机会空间。

4. 控制区域或在其中工作的个体可能无法确认自己的行为是否与其分配的状态相符，这与表 7.1 中列出的最后三个内部有效性威胁相关。

5. 选取接受试验的地区或群体可能正因为其异常高的犯罪率，这些地区有可能自发回归到平均水平。

6. 同意参与或合作实施干预的地区或团体可能因其独特性

或非典型性而影响评估的效度,这与那些不愿意参与相同举措的地区形成对比。

7. 与愿意参与的地区相比,那些不愿接受干预措施的地区或团体可能会因此产生抵触、回避或破坏性行为,这可能会降低干预措施的影响。

8. 大多数地区和群体在引入犯罪预防措施后,都会经历持续的变化,包括他们采取的行动和参与人员的变动。因此,即使比较地区或群体在起始时具有相似性,随着时间的推移,任何假设的效力都会减弱。

9. 所有地区,无论是干预区还是比较区,其犯罪水平在中短期内往往波动较大,这削弱了评估工作在两者之间进行比较的有效性。

简单的前后和时程设计

简单的前后比较设计仅仅在实施某项措施前后对群体或地区进行测量,并对比其得分变化;而中断的时间序列设计则通过在项目区域或群体内绘制趋势线,来观察干预实施的具体时间点是否导致了趋势的显著变化。这两种方法都规避了寻找和比较特定选择或随机选择的群体所带来的问题。然而,它们也引入了新的挑战。最突出的问题是,无论干预是否存在,观察到的现象层面的变化可能原本就会发生。因此,这些设计并未完全消除对内部有效性的主要威胁,而那些涉及寻找和使用等效的控制组或地区的设计,则试图减少这些威胁。

设计后续

我们通常仅在措施实施之后而非之前安排评估测量。这显然关注的是变化的问题。然而，在某些情况下，这类评估也被用于衡量公众对犯罪恐惧感的减少。此时，接受干预的个体会被询问，在特定干预措施实施之后，他们是否感到对犯罪有较少的恐惧，或者评价他们对某项服务的满意度如何。

现实主义评估

本章至今探讨的评估方法均旨在审视特定倡议是否取得了成效，它们围绕"什么措施有效？"这一核心议题展开。一旦干预措施得以实施，评估的关键问题便是它是否带来了正面或负面的影响，以及这些影响的程度如何。相较之下，现实主义评估提出了一个更为深入的问题："在何种情境下实施，对哪些人群有效，以及效果是如何产生的？"（帕森和蒂利，1997）这种评估的目标是追踪干预措施在不同环境和不同群体中产生效果的具体路径。因此，探讨"干预措施如何在不同的群体中产生正面或负面影响？"这一问题变得尤为关键。

现实主义评估充当了评估工作中"理论驱动"的引擎，其核心目的是构建和验证"背景-机制-结果配置"；其背后的某些假设认为，相同的措施在不同群体中可能通过激活不同的因果机制而发挥不同的作用。因果机制揭示了效果产生的途径，它们往往是不可见的，类似于自然科学中用来解释现象的机制（例如重力、自然选择或磁力）。在社会科学项目中，因果机制可能涉及个人和群体在与项目干预互动时所产生的推理和资源。

现实主义评估关注的是阐述和测试方案中特定的途径，即在这些途径中，特定的机制在特定子群体中被触发，并产生可预期的结果模式，这些模式可与实际观察到的结果进行比较。这些理论可能源自方案设计者、实施者、过往评估、社会科学研究，甚至是根深蒂固的思维模式。虽然我们无法全面阐述和测试与任何计划相关的所有可能理论，但选择并检验那些最有前景、最为关键或广泛认可的理论，始终是至关重要的工作。

现实主义评估的一个局限在于，它并不专注于（也不倾向于）对单一效果的大小进行量化测量，反而坚决主张超越这种单一的评估方式。然而，这恰恰是本章后续将要探讨的成本效益分析所需关注的问题。通过对效果大小的量化分析，我们能够基于证据来做出更加明智的资源分配决策。

案例

现实主义评估的一个显著特征是，它不强调（甚至刻意避免）对单一效果大小的直接量化。它拒绝仅仅为了测量而测量，而是寻求更深入的理解不同干预措施背后的复杂机制。尽管如此，这对于我们接下来将要探讨的成本效益分析来说，是一个不可或缺的考量点。在这一分析中，我们需要具体量化干预效果，以便基于证据来进行资源分配的决策。为了将这一讨论具体化，让我们考虑以下实例：假设我们设计了一项针对家庭暴力犯罪者（涉及未造成严重身体伤害的事件）的逮捕政策。传统上，警察在这些情况下可能会行使自由裁量权，往往选择不对被指控的犯罪者实施逮捕。然而，我们知道家庭暴力往往是循环发生的，很少是孤立的事件。现在，我们计划实施一项新政策，取消警察的自由裁量权，要求他们对所有涉嫌家庭暴力的犯罪者进行逮捕。在这样一个背景下，我们该如何对这项政策的影响进行评估呢？

在明尼阿波利斯开展的一项先驱性随机对照试验中，研究者随机分配案件到逮捕组和其他反应对照组，以比较6个月内重复事件的比率，目的是探究对犯罪者实施逮捕是否能够降低重复家庭暴力事件的发生（谢尔曼和伯克，1984）。在此试验中，警察的自由裁量权被废除，他们被告知必须基于随机分配的结果对案件采取行动。关键的是，这些措施是严格按照实验设计逐一执行的。通过这种方式，实验数据为我们揭示了最终的结果，而我们无需对逮捕行为可能影响重复事件的潜在机制有任何预设立场。如果逮捕策略显示出比其他策略更优的效果，那么我们可以认为逮捕是一种有效的干预手段。此外，我们还可以通过评估其效果的大小来对干预的效力进行量化。根据警方记录，被捕者在随后的6个月内有10%再次实施家庭暴力，而仅被劝告者中有19%，被简单释放者中有24%的人再次犯案。受害者的报告虽然提供了不同的细节，但总体情况大致相似。具体而言，逮捕、劝告和释放嫌疑人的重复家庭暴力比率分别为19%、37%和33%。然而，后续对明尼阿波利斯实验的研究（谢尔曼，1992b）得出了不同的结论，即逮捕的效果并不比其他反应方式更佳，有时甚至可能加剧问题。尽管最初关于明尼阿波利斯的研究在内部有效性方面可能有所保证，但它却缺乏外部有效性。这是因为随机分配的样本（必须）来自特定的人口群体，不可能代表所有地区、所有时间点的所有人。如果在不同的人群中随机分配到不同的处理方法，结果模式可能会有所不同。如果我们发现逮捕措施在某些社区有效，但在其他社区无法确定其效果的方向，这就表明我们在从实验中吸取教训方面存在问题。

一个替代逮捕政策评估的设计可以是采用非随机对照试验的试验组与对照组比较，或者是区域间的对比研究。随机对照试验引发的显著效果变化引出了实际的问题：除非我们事先了解哪些条件差异会影响逮捕措施的效果，否则我们无法确定何种程度的相似性是衡量其有效性的合理基础。为了恰当地设计评估，我们需要精确且执行得当的评估结果，缺乏这些信息可能会对措施效果产生严重误导。此外，如果我们从后见之明的角度出发，可能会在一个区域内观察到成员间的平衡，但这种表面上的效果可能掩盖了两个不同影响方向的真相。换句话说，仅凭事后的区域平衡，我们可能无法揭示干预措施在不同条件下的真正效果差异。因此，评估设计时必须考虑到这些潜在的混杂因素，以确保我们得出的结论具有准确性和可靠性。

第三种评估设计涉及对逮捕政策实施前后重复事件发生率的比较。然而，这一方法的挑战在于，在政策实施期间，可能发生了其他无关事件（如宣传活动或某个显著案件的偶然曝光），这些独立于逮捕政策本身的因素可能会对相关行为产生影响。因此，在解读这种评估结果时，必须考虑到这些潜在的干扰变量，以确保对逮捕政策效果的评估是准确和公正的。

第四种评估设计的潜在不足之处在于，仅在引入逮捕措施后对重复事件比率进行单一测量，而未与其他地区或案例进行对比。显然，如果没有先前比率的数据作为参考，我们无法确定当前实施的措施是否真正导致了犯罪率的降低。尽管我们可以依赖受害者和相关人士回顾他们对于所采取措施的感受和体验，但这种方法的可靠性受到回忆偏差的影响，可能会对评估结果的准确性构成挑战。因此，为了获得更全面的评估，有必要收集历史数据并与其他情况进行比较，以确保评估的全面性和有效性。

现实主义评估方法首先基于理论构建，进而制定出因果机制假设，这些假设将有助于区分报告中家庭暴力事件的子群体，并激活被捕组的特定反应。表7.3呈现了这些假设的概览。第一栏展示了潜在的因果机制，第二栏描述了与这些机制激活相关的背景条件，第三栏则提出了在评估研究中用于测试每个假设的可能模式。在现实主义评估框架下，所选择的方法和数据收集策略都是针对那些最能有效地检验评估假设的技术。这种方法不依赖于预先设定的技术偏好，而是侧重于根据评估目标来选择最合适的研究路径。

此外，在随机对照试验研究中，我们还考虑了涉及收集和分析与各个城市具体案件相关数据的方法；但我们的策略并非采取这一路径，因为我们关注的是评估政策的整体影响，而非其在不同案例群体中的具体作用——这正是现实主义评估的核心关切。现实主义评估的目标不在于提供普遍的净效应估计，而是专注于识别和正式建立一系列子群体的因果机制假设，并努力搜集数据，以便为这些假设的拒绝、暂时接受或进一步完善提供证据支持。

表7.3 关于相对低伤害家庭暴力强制逮捕的现实主义假设*

方法论	内容	测试预期结果模式的数据
1 女性的羞耻	"尊重"社区的成员	重视传统家庭生活的社区的事件报告水平降低
2 妇女害怕报复	暴力史;文化支持暴力;罪犯酗酒	减少长期受害事件的报告水平
3 女性害怕失去伴侣	对伴侣的情感或财务依赖	较贫穷和情绪较弱女性的报告水平降低
4 妇女担心孩子受到照顾	针对整个家庭的一般家庭暴力模式	社会服务机构已知家庭的报告水平降低
5 赋予妇女权力	避难所的可用性;对妇女的支持;妇女的财政资源	在有支持和替代生活安排的情况下,提高分离程度
6 罪犯无行为能力	保持的时间长度	短期减少重复事件的发生
7 罪犯羞耻	为人熟知的"让人敬畏"的社区成员	减少"让人敬畏"社区内的家庭暴力事件
8 罪犯愤怒	男性暴力对女性的文化可接受性;男人必须为触及法律付出代价	暴力水平的提高-边缘社会制裁社区
9 罪犯冲击	罪犯对伴侣的依恋;自我形象作为遵守法律的体面人	暴躁程度降低,脾气暴躁的"让人敬畏"男性寻求帮助的行为
10 改变了关于家庭暴力适当性的规范	积极宣传	报告和未报告的家庭暴力水平降低

*这些假设清楚地与家庭暴力有关,这其中男性是施暴者,女性是受害者。

来源:蒂利(2002a:106)。

系统回顾

多年来，我们在多个司法管辖区开展了广泛的犯罪预防研究，并对众多倡议进行了评估。相较于不断进行初级研究，回顾我们已经取得的研究成果往往能更快、更经济、更有针对性地提供洞见。此外，当计划开展新的研究时，通过审视现有研究成果并识别理解上的不足，我们可以更有针对性地调整研究重点，从而提升研究的质量和深度。

坎贝尔合作组织是一个由专注于社会政策系统性回顾的学者们组成的国际性网络，该组织受到在健康领域从事类似工作的科克伦协作组织的启发而成立。坎贝尔合作组织在搜索和筛选纳入其评论的研究方面保持着高度的透明度，它致力于尽可能广泛地识别研究，部分目的是克服"出版偏见"——即那些报告积极结果的研究比那些报告消极结果的研究更容易被学术期刊接受。为了获得公正的判断，所有符合条件的研究都应该被纳入考虑，最终被选入的研究是那些至少满足基本方法论标准的研究，主要包括随机对照试验以及采用地点和群体比较方法的相关研究。通常，坎贝尔审查会从数量较多的研究着手，因为这些研究可能更符合审查标准，但最终只有少数研究的方法论能够达标。该组织的目标是在特定的置信水平内，对预期的效果大小范围进行可靠的评价。

坎贝尔合作组织对针对犯罪者及潜在犯罪者进行监狱探访的干预措施进行了审查，这种干预旨在通过直接震慑策略来阻止人们走上犯罪之路。在对相关的487篇文献进行筛选后，发现其中仅有30篇是评估性研究，而达到所需方法论标准的仅有

11篇。遗憾的是，由于数据不可用，又有两项研究不得不从审查中剔除。因此，实际上超过98%的文献未能被纳入最终分析。在剩余的9项精选研究中，结论表明，针对年轻人的震慑策略并不有效。然而，这些研究并未深入探讨这些措施为何失效，也没有考虑到这些方法是否可能对某些特定亚群体产生积极或消极的不同影响。

图7.1展示了坎贝尔合作组织评论结果的标准格式，其中所涉及的倡议专注于直接对年轻人进行震慑。"森林"图清晰地表明，在累犯率方面，对照组的表现始终优于实验组。

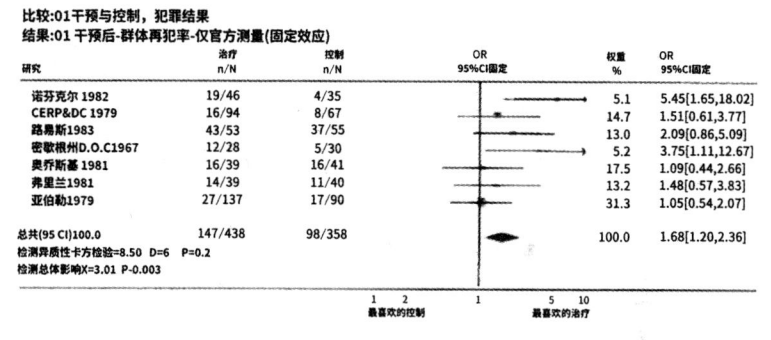

比较:01干预与控制，犯罪结果
结果:01干预后-群体再犯率-仅官方测量(固定效应)

研究	治疗 n/N	控制 n/N	OR 95%CI固定	权重 %	OR 95%CI固定
诺芬克尔1982	19/46	4/35		5.1	5.45[1.65,18.02]
CERP&DC 1979	16/94	8/67		14.7	1.51[0.61,3.77]
路易斯1983	43/53	37/55		13.0	2.09[0.86,5.09]
密歇根州D.O.C1967	12/28	5/30		5.2	3.75[1.11,12.67]
奥乔斯基1981	16/39	16/41		17.5	1.09[0.44,2.66]
弗里兰1981	14/39	11/40		13.2	1.48[0.57,3.83]
亚伯拉1979	27/137	17/90		31.3	1.05[0.54,2.07]
总共(95 CI)100.0	147/438	98/358		100.0	1.68[1.20,2.36]

检测异质性卡方检验=8.50 D=6 P=0.2
检测总体影响X=3.01 P=0.003

图7.1 坎贝尔合作组织回顾犯罪恐惧的调查结果
来源：托斯诺等人（2002）。

现实主义综述在方法论和目标上与坎贝尔合作组织的回顾性研究存在显著差异。现实主义综述旨在从现有证据中提炼出有价值的见解，特别是关于背景机制、结果模式内容（帕森，2006）。它能够从质量较低的研究中提取启发，并将其转化为有用的知识。现实主义综述跨越了广泛的政策领域，搜集多样化的证据，旨在构建、验证和精化基于证据的中间理论。这些理论探讨在何种具体情境下,何种类型的计划对哪些特定群体更为有效。

在犯罪预防领域,一系列以社区为导向的警务服务以及以问题为导向的警务指南均采用了广泛的现实主义研究方法。这些指南的核心目标并非仅仅在于证明特定干预措施的有效性或其产生的效应大小,而是通过审视证据,辅助实践者识别在他们的特定问题情境中可能奏效的策略。表7.4提供了一个具体的实例,展示了这种方法的实际应用。

表7.4 使用符合现实主义的方法处理停车设施中的盗窃和停车的样本调查结果

反映	方法论	更好的工作	思考
雇用停车服务员	改善对设施的监督,特别是在入口和出口	该设施的周边是安全的,所以进出的人必须通过服务员,并且服务员工作室的设计是为了方便监视	昂贵;通常只适用于大型设施;有效减少汽车盗窃,但在减少汽车内物品盗窃方面则不那么有效
改进平台和停车场入口/出口处的监视	增加盗贼进入和离开的检测风险	该设施的周边是安全的	方法包括改善照明,消除标志和其他障碍物,并鼓励供应商在入口和出口附近设置商店

来源:克拉克(2002)。

在评估普遍适用的国家或地区政策时,坎贝尔合作组织的方法论可能更为恰当。然而,在为地方决策提供指导,特别是在涉及自由裁量权的情况下,我们倾向于优先采用现实主义的审查方法,以更好地适应本地情况和需求。

行动研究

在犯罪预防领域,行动研究有着悠久的传统,其特点是同一团队成员参与倡议的设计、实施和评估全过程。正如第五章所阐述的,情境犯罪预防和以问题为导向的警务策略都是行动研究的重要组成部分。这些方法要求对犯罪和混乱问题进行深入分析,基于此来确定相应的战术和策略。这些战术和策略在实施过程中会被持续监测,并根据实践经验进行灵活调整。随后,结果会被评估,并在研究人员、政策制定者和实务工作者的共同参与下进行反思。这种做法的优点在于,所有倡议都在不断的学习过程中得以改进,从而提高了成功实施和取得积极成果的可能性。然而,其局限性在于,随着时间的推移,采取的措施可能会发生变化,而且当干预措施的设计者参与对其效果的评估时,可能会引入偏见,无论这种偏见是主观上的还是无意识的。

在犯罪预防的文献中,我们发现了许多丰富且信息量大的案例,它们都是行动研究的一部分。例如,在美国著名的波士顿枪支项目就是一个典型的行动研究案例。该项目显著降低了波士顿的致命枪击事件数量,并激发了对犯罪预防中威慑策略潜力的广泛重新评价。哈佛大学的学者与实务界人士携手合作,共同发展了这一项目,并对其影响进行了评估(肯尼迪等人,2001)。在英国,柯克霍尔特入室盗窃预防项目同样是一个行动研究项目,它成功地将罗奇代尔柯克霍尔特住宅区的家庭入室盗窃案件数量大幅减少，并催生了一项关于重复受害现象的重要研究（弗雷斯特等人，1988；1990）。随后，曼彻斯特大学的学者与一系列实务工作者合作，进一步发展并评估了该项目的影响。这些案例展示了行动研究在犯罪预防领域的实践价值和学术贡献。

行动研究的结果可能并不总是受到偏见的影响，然而我们必须意识到这种风险的可能性。学者们的高超技术能力和实践者群体的独立利益，有助于降低得出误导性结论的风险。通过确保研究过程的客观性和独立性，我们可以增强行动研究结果的可靠性和有效性。

经济评估

我们对于经济评估的需求是强烈且易于理解的。那些负责分配有限资源的关键决策者，总是期望研究人员能够提供一份精确的评估报告，以指导他们在投入努力、时间和资金时，能够获得最大的回报。如果重新分配资源能够带来更高的效益，那么我们理应采取行动。通过对相关活动进行精确评估，我们可以优化稀缺资源在不同领域中的应用，以期提升其预期的效用。这种方法有助于确保资源的有效利用，为社会的整体福祉做出贡献。

我们可以将经济评估区分为两种主要类型：成本效益分析与成本利益分析（斯托克代尔，1999；斯托克代尔和怀特黑德，2003；罗曼和法雷尔，2002）。这两种分析方法在评估资源分配和项目投资时，各自发挥着重要的作用，为决策者提供了深入的理解和量化的依据。

成本效益分析专注于评估实现特定产出或成果的单位成本。例如，我们可能会问：安装一个警报系统的平均成本是多少？或者，预防一起入室盗窃的平均成本又是多少？对于许多社会项目而言，成本的计算可能比表面上看起来的要复杂得多。边际成本是指产生额外产出或成果所增加的成本，它通常不考虑固定成本；平均成本则是对所有产出或成果生产成本的平均值进行描述。边际成本递减的概念表明，随着产出的增加，单位产出的成本往往会降低。然而，这也可能导致与产出单位相关的边际成本随着给定产出单位的增加而上升。具体来说，安装1000个警报器通常会比安装10个警报器拥有更低的单位成本。在安装数量较少的情况下，警报器可能被针对性地分配给那些最需要的人（比如之前遭受过盗窃的受害者）；而在大规模安装时，则可能被分配给那些预防效果更为迫切的地区。估算干预措施的成本是一个复杂的过程。经济分析关注的是资源的潜在用途，但这可能导致将成本归咎于对参与者而言可能是无偿的资源（如志愿劳动或实物捐赠）。为了使不同行动之间的比较成为可能，实践中我们常常依赖于标准成本计算方法。这些做法对于一些政策制定者和实践者来说可能显得有些不寻常，因为他们常常试图通过最大化利用第三方贡献来提高效率。

成本利益分析比成本效益分析更复杂。它不仅涉及评估举措的成本，还包括效益。效益必须与成本归入同一核算单位，这样才能比较成本和效益的水平，这种做法共同的核算单位通常是货币。但我们会给犯罪赋予什么货币价值，我们又能给犯罪预防赋予什么成本呢？直接和间接的经济损失是相当直接的估计。那我们损失了什么？发生了什么损害？维护费用是多少？

损失了多少天的劳动力？显然，非经济损失的货币化要棘手得多，也更具争议性。非经济损失包括各种情感上的伤害，例如被强奸的创伤，失去亲人后的痛苦，或者经历入室盗窃后对住宅的恐惧。有两种技术被我们用来抵消非经济损失："愿意支付"和"愿意接受"，但这两种方法都不完全合适。

"愿意支付"指的是以货币形式评估那些可能因犯罪而遭受精神伤害的人，以此来准备为防止犯罪而支付的费用。"愿意接受"指的是以货币形式评估那些因犯罪而遭受精神伤害的人，并为他们准备接受的补偿。这其中存在的问题是显而易见的（亚当斯，1995）。对许多人来说，"愿意接受"在某些罪行中会变得无限大（例如强奸和谋杀），因为无限的货币金额不能被输入到成本效益的方程中。"愿意支付"取决于潜在受害者可支配的资源，但这些资源不会保持恒定。另外，"愿意支付"的评估也会涉及到严重犯罪的成本与不同群体所拥有的资源之间的差异，这些群体可以负担不同的货币金额来防止同样的伤害产生。

在成本效益分析和与其紧密相关的成本效果分析中，关键在于采用一种可信的方法来量化犯罪预防的效果。这导致随机对照试验及其经济分析替代方法在经济学家中的广泛使用。然而，这些方法的普及和实用性并不意味着评估结果的有效性会自动提升。更为现实主义的评估方法可能会产出更贴近实际的效果评估，对实践者和地方政策制定者而言，这些评估结果可能更具直接应用价值。然而，这些方法往往未能充分满足我们对效果大小进行精确测量的需求，这是进行成本效益比较分析所必需的。最终，我们的目标是提供关于如何最优化利用有限资源的分配信息。

最终，我们必须认识到评估本身亦涉及成本。因此，在投入资源进行评估时，我们也需考虑其潜在的回报。若我们投入大量资源，不论采用何种方法，去评估一个规模较小且不具备重复性的项目，且该项目几乎没有为未来提供借鉴经验的可能性，那么这种投资的回报率显然会相对较低。

本章总结

评估工作在技术层面上充满挑战，因为粗心大意之人易于得出误导性的判断。同样，居心不良者也可能出于个人宣传或迎合上级的目的而坚持这种错误做法。然而，传播虚假的成功案例是极具风险的，这可能导致他人资源的浪费。更甚者，若由此产生的负面效应，甚至可能引发了犯罪行为，那将是最为严重的后果。

正如在关于犯罪预防活动的决定中存在着的道德问题一样，在操作和公布评估结果时也会存在道德问题。明知故犯地制造或发表虚假的结果是与基本的研究道德相违背的，对那些正在进行或撰写评估报告的人施加压力是不道德的。一些人之所以会采用事先认为会产生无效结论的方法，也许是因为他们遭受了来自权威人士（他们对专业领域一无所知）的外部压力，这涉及研究者的诚信问题。

此外，关于研究伦理，尤其是与评估人员职责相关的内容，以及研究者对于评估对象和委托方的责任，在多数国家的评估协会中都有明确的公布和强调。这些准则共同强调了我们必须维护学术研究的独立性，避免任何形式的外部干预，因为此类干预可能导致分析结果的偏差，从而损害研究的公正性和可靠性。

思考练习

1. 选取一个近期发布的大型或小型犯罪预防计划作为案例，制定两个评估方案的大纲：一是基于现实主义的评估方案，二是尽可能模拟随机对照试验的评估方案。比较这两种评估方法，并详细阐述你倾向于选择哪一种方案以及选择该方案的理由。

2. 仔细审阅任意一项犯罪预防项目的评估报告，并对其进行严谨的批判性分析。在此基础上，探索并提出一个更为优越的研究设计方案。

3. 精心挑选5篇文献，旨在为坎贝尔协作综述贡献见解，并另外选取5篇文献以支撑现实主义评论，共同促进犯罪预防措施的发展。利用这些收集到的资料，撰写现实主义和坎贝尔综述的初步草案，并对两者的调查结果进行比较。在此基础上，总结出两种综述方法的优势与局限性，并提出你的见解。

进一步阅读

A good general discussion of evaluation and crime prevention is Eck, J. (2005), Evaluation for lesson-learning, in N. Tilley (ed.) *Handbook of Crime Prevention and Community Safety*. Cullompton: Willan Publishing.

For a collection of essays on evaluation for crime prevention, see Tilley, N. (ed.) (2002) *Evaluation for Crime Prevention*. Crime Prevention Studies Volume 14. Monsey, NY: Criminal Justice Press.

有关实验评估和坎贝尔评论的材料，请访问http://www.

campbellcollaboration. org/CCJG/，最后访问时间：2024 年 2 月 26 日。

附注

以下网站提供了一些示例：

澳大利亚：http://www. aes. asn. au/about/Documents%20-%20ongoing/code_ of _ ethics. pdf，最后访问时间：2024 年 2 月 26 日。

美国：http://ethics. iit. edu/codes/coe/amer. eval. assoc. task. force. html，最后访问时间：2024 年 2 月 26 日。

英国：http://www. evaluation. org. uk/Pubälibrary/GoodäPractice. htm，最后访问时间：2024 年 2 月 26 日。

加拿大：http://www. evaluationcanada. ca/site. cgi？s = 5&ss = 4&u lang = EN，最后访问时间：2024 年 2 月 26 日。

第八章
总结：为改善犯罪预防工作我们需要做些什么？

犯罪问题一直是大众传媒、政治人物以及普通民众关注的焦点议题。然而，对犯罪现象的关注往往伴随着一场道德恐慌，其中对犯罪浪潮的过度渲染和对某些群体的妖魔化现象日益突出（科恩，1973）。这种趋势源于公众对于社会犯罪问题的焦虑和无奈，导致他们往往将某些群体视为替罪羊。在这种背景下，犯罪预防政策和计划往往被仓促制定，并且执行效果不佳。这些政策所进行的评估结果，要么偏袒特定群体，要么缺乏明确性。随着时间的流逝，先前的评估结论很快被遗忘，而新一轮的评估又紧接着展开。虽然也存在例外情况，但这种现象似乎成了一种常态的循环（格斯特，2001）。

缺乏对基本常识的理解、道德恐慌以及机会主义可能常常成为政治论述中的流行词汇，然而，这些因素绝不可能催生出明智且符合道德伦理的政策与实践（蒂利和莱科克，2000）。本书除了旨在为学生和从业人员提供学习教材之外，还抱有一个宏伟目标：期望它能在探讨如何有效应对犯罪问题的道路上，贡献自己的一份力量。

在探讨犯罪预防方法的各个章节中，浮现出一些共通的核心信息，以下是12个关键的犯罪预防原则。如果我们能够认同并采纳这些原则，那么在犯罪预防的政策制定和实际操作中，我们或许能够看到显著的改善和进步。

1. 所有犯罪预防的努力都离不开理论的支撑。成功的犯罪预防实践依赖于精心筛选且扎实的理论基础，我们必须确保所选用的理论是经过深思熟虑和严格筛选的。

2. 所有犯罪问题均蕴含着独特的复杂性。成功的犯罪预防策略能够洞察这些问题的共性与差异，进而提炼出适用的理论框架。

3. 随着旧有的犯罪问题得到解决，新生的犯罪挑战不可避免地出现，它们在过程和场所上都可能呈现出不同的特征。有效的犯罪预防依赖于对这些变化的有效识别与适应。这不仅仅要求我们认识到犯罪问题中明显的相似性和差异性，还要求我们具备预见未来可能出现的新挑战的能力。

4. 在这场犯罪与预防的较量中，犯罪者与预防者展开了一场持续的军备竞赛，双方都在不断地适应对方。预防者迫切需要理论的指导来采取有效的反击措施。理论的应用能够帮助我们制定出长期的犯罪预防战略，确保预防措施能够持续发挥其效力。

5. 犯罪的发生是多因素共同作用的结果，这为我们提供了众多潜在的干预节点以阻止犯罪的发生。然而，并非所有这些条件都与犯罪的根本原因直接相关。专注于犯罪的近端原因往往能够更有效地实施预防措施，从而有效地遏制犯罪行为的发生。

6. 没有任何一种犯罪预防措施能够保证在所有时间和情境下都能取得成功。基于理论的犯罪预防工作，由于其针对性和深入理解，往往在应对特定犯罪问题时能展现出更优的效果。

7. 从可能反复出现的个别事件，到国家乃至国际层面的普遍模式，犯罪问题呈现出多层面的特征。预防措施具备灵活性，可以适用于任何一个层面，甚至是全方位的层级。

8. 并非所有理论都具有同等的应用价值。那些过于宽泛的理论在实践操作中往往面临重重阻碍，而那些过于具体化的理论则在它们的特定焦点之外难以提供有效的指导。位于这两种极端之间的"中等范围"理论，更有可能为我们提供实际的帮助。此外，犯罪预防的理论还必须关注这些预防措施是如何发挥作用的，以及它们发挥作用所依赖的条件和环境的类型。

9. 传统上，许多具备犯罪预防能力的人并不在负责犯罪预防的核心圈层之内。有效的犯罪预防往往需要说服那些具有影响力的人承担起相应的责任，这还包括了对于哪些人能够合理分担责任的深入考量。

10. 即使拥有强有力的犯罪预防理论和支持者的积极参与，这些仍不足以确保有效的犯罪预防工作。我们还需严谨地执行所选取的预防措施，并辅以恰当的实施策略。唯有如此，才能确保犯罪预防战略的成功实施。

11. 犯罪预防工作渗透在社会各个角落。每一项犯罪预防措施都不可避免地触及道德议题，且都可能面临道德上的指责。在制定犯罪预防的战略和策略时，道德的选择与假设始终贯穿其中，哪怕这些选择和假设并未被明确地提出。因此，在选择替代的犯罪预防方法时，我们必须面对道德上的权衡，这是无法回避的现实。

12. 在探索犯罪预防的方法论上，我们仍有广阔的学习空间。通过持续地参与行动研究，我们可以逐步积累经验，进而在发展、检验、优化政策与理论方面取得显著进步。

在医学领域，人们已经不再单纯追求一种适用于所有人的万能药物。药物遗传学，有时也称作药物基因组合学，正在开启一个新的治疗时代，它着眼于我们的个体差异以及共同点，以实现个性化治疗（普华永道，2005；沃尔夫等人，2000）。这是因为不同个体对特定药物的反应存在差异。药物遗传学提供了一种更为精细的治疗方法，能够针对个体差异进行调整，从而减少不必要的副作用，让更多患者获得有效的治疗。我们期待未来的医生能够更加精准地针对患者的独特需求，提出更为个性化的医疗建议。

犯罪问题显然与医疗问题存在显著差异，它作为一种社会现象，已在第四章中得到突出强调。尽管如此，在犯罪预防领域，多年来层出不穷的各种方法相较于医学领域的成就仍显得较为逊色。这可能是由于犯罪机会和犯罪团伙的不断演变所致。互联网、国际恐怖主义和全球有组织的犯罪构成了明显的大规模、新兴且快速变化的犯罪问题。在更微观的层面，交通网络、教育模式、法律法规、住房政策、税收制度、工作模式、移民趋势、时尚潮流、产品设计、儿童保育规范以及侦查技术的变迁，都在不断塑造着犯罪背景，需要我们密切关注。在地方层面，住房开发、新兴娱乐场所、道路规划调整、就业机会变化或儿童保育安排的更新，都可能影响犯罪模式和预防需求。这些隐藏在地方犯罪问题细节中的"病灶"要求我们在深入理解共性与差异的基础上采取行动，这对于解决犯罪问题至关重要。从前章节中我们可以看到，迄今为止，犯罪预防策略的效果喜忧参半，这在考虑不同条件时是可以预料的。然而，若要有效解决这些问题，关键在于更深入地了解在何种情况下，哪些方法对哪些群体有效，并据此增强犯罪预防的能力。这些努力旨在使犯罪预防工作即便在迅速变化的环境中，也能持续产生更大的积极影响，并减少不必要的副作用，从而更有效地服务于社会治安的维护。

在本章中，我们探讨在国际、国家、区域和地方各级别应对犯罪问题的方法。我们可以洞察到何种犯罪预防策略最为恰当，并通过系统的评估来丰富和完善相关理论。在各个层面上，这种基于知识的冷静分析可能是最为有效的，因为它能够影响政策制定与实践，并评估众多机构和组织的工作成效。采用这种方法，我们能够减少那些可能一时吸引公众注意，但实则不利于迅速解决犯罪问题的策略的推广，从而避免资源的无谓浪费。通过这种深思熟虑的途径，我们可以确保犯罪预防工作更加精准、高效，并最终促进社会治安的持续改善。

思考练习

1. 对本章提出的 12 项核心主张进行批判性评估。
2. 假设本章所提出的主张有效，您将如何改变国家和地方的现行犯罪预防框架，并且可以保证政策以有效和合乎道德的方式付诸实践？

附件 A：诺曼（1946~2008）

诺曼的生活看似平凡，但他的故事却蕴含着深刻的意义。这不仅是一个人的生命轨迹，某种程度上，它也是一段历史的缩影。诺曼的犯罪经历以及针对他所采取的犯罪预防措施，共同编织成了一部独特的传记。这部传记不仅反映了他的个人历程,也映射出他所处时代的特征,具有一定的代表性,为我们理解那个时代的社会现象提供了宝贵的视角。

诺曼出生于第二次世界大战后的生育高峰年代,他在英格兰肯特郡的宁静乡村中长大。他的父亲是一位勤恳的职员,母亲则是一位全身心投入家庭的全职母亲。作为家中的次子,他上面有一位哥哥,下面有一位妹妹。完成初中学业后,诺曼进入了一家保险公司,开始了他的职业生涯。他以其勤奋的工作态度著称,常常加班加点。1970年,他与诺玛女士结为连理,随后迎来了他们的两个孩子。然而,命运在2006年给了他一次重击,他不幸患病,最终在2008年与世长辞。诺曼的一生,平凡而真实,映射了一个普通家庭的喜怒哀乐和时代的变迁。

诺曼的一生充满了平凡,他的故事往往不为人所熟知,淹没在喧嚣的日常中。然而,他的身影在我们生活中随处可见——一位勤勉工作、默默无闻的普通人。在这片静谧的角落,我们试图探寻诺曼生活中那些鲜为人知的片段,它们虽隐秘,却蕴含着深刻的意义,值得我们用心去品鉴,去理解这样一个普通人的内心世界和生活的复杂性。

诺曼的童年与许多人的经历相似,那时候的他几乎是在自由的环境中成长。每天,他会和哥哥姐姐一起搭乘公交车去学校,放学后,又独自一人踏上回家的路。在炎炎夏日,他得以与乡村的小伙伴们尽情探索和游玩,这样的自由几乎贯穿了整个年份。只要他能在规定的时间回到家中,就不会受到过多的责备。这样的成长经历,为他平凡的生活增添了几分独立与自主的色彩。在10岁时,诺曼和他的好兄弟乔治共同破坏了一辆被遗弃在公园的小轿车。诺曼和乔治用石头砸碎了车窗，并在这一过程中获得了满足和刺激的感觉。在某种程度上，这是一种成就感的实现。后来这辆车被人从公园中挪走了，但是诺曼和乔治却找到了另外一个目标：路灯。尽管打中路灯的概率要小一些，但是一旦击中，就会使他们获得更多的满足。

在接下来的8年时光里，诺曼偶尔会面临犯罪的指控。当他还只有11岁时，他和朋友乔治便将扔石块的游戏升级为使用弹弓，因为弹弓的精准度更高，能让他们击中更远、更多的目标。到了12岁，诺曼获得了一把气枪，这让他涉足了一系列更为严重的违法行为，为他本应纯真的少年时代蒙上了一层阴影。

诺曼与乔治所涉及的最为瞩目的刑事破坏事件，发生在诺曼仅12岁的时候。他们一起放火烧毁了一排木质谷仓，而诺曼个人最鲁莽的违法行为，还要数他擅自闯入学校屋顶的举动。在那次轻率的打赌中，他和朋友们约定闭眼从一栋建筑的屋顶走到另一栋。不幸的是，诺曼在尝试中从屋顶坠落，导致胳膊骨折。对于自己这种极度愚蠢的行为，诺曼深感后悔与羞愧，因此他向父母撒谎，称自己是骑自行车时摔伤的。这一事件，无疑在他的人生轨迹上留下了深刻的印记。诺曼从未被判定犯有任何刑事罪行。乔治和诺曼都是在15岁时离开了养育他的村庄，随后他们彼此失去了联系。他们曾幻想"干一票大的"，但却未付诸实践。他们梦想成为有钱人，拥有跑车、游艇和大房子。为了实现这些梦想，他们的初步计划是抢银行。

诺曼就读于一所全男子高中，在那里他有一群志同道合的朋友，但他们的团体与其他学生群体之间的关系并不和谐。偶尔，诺曼会与其他团体的成员发生冲突，甚至演变成肢体冲突。

围观的同学们会大声呼喊:"血!血!血!血!"来激怒诺曼和他的对手,让他们的打斗变得更加激烈,更具观赏性。尽管如此,这些斗殴事件幸运地从未导致过任何严重的身体伤害。

除了自7岁起与乔治一同犯下的一些小过失外,诺曼在11岁时便首次涉足盗窃,那是在一家村庄小店里实施的商店盗窃。这家小店的规模不大,货物都摆放在柜台的后方。由于囊中羞涩,诺曼对于心仪的糖果和小玩具可望而不可即。一次,当女店员转身忙于服务其他顾客时,她的注意力不在诺曼身上,这个疏忽被诺曼敏锐地捕捉到了。趁此机会,他迅速将一些糖果和小玩具塞入怀中,并悄无声息地离开了商店。这次不光彩的行为,虽然满足了诺曼一时的欲望,却也埋下了他未来可能面临更大风险的种子。

在17岁那年,诺曼获得了一辆摩托车,这辆车为他打开了探索新世界的大门。他热衷于在镇上骑行,享受着众人瞩目的快感,故意让摩托车的引擎轰鸣,制造出震耳欲聋的噪音。这样的时刻对他来说无比陶醉,让他乐此不疲地在小镇上留下自己的印记。一天晚上,当诺曼如往常一样骑着摩托车在镇上到处游荡时,他被一名警察拦住了,并因他的摩托车没有保险和驾照过期被警方起诉。因此,他不得不缴纳罚款,驾照也被吊销了。不仅如此,当地的报纸还报道了这起事件。为了支付罚款,诺曼一个暑假都在一家咖啡厅打工赚钱。这是一个转折点,这让他在这期间做起了老实人,也远离了不良行为。

随后的几年,诺曼远离了犯罪,与妻子诺玛共同购买了一套房子。当他们的住所需要进行装修时,装修工人向他们提出了一个条件:如果诺曼能够以现金支付工资,他们将提供更低的报价。尽管诺曼和诺玛知道这可能是工人们逃避税收的手段，他们还是接受了这个提议。在此期间，诺曼在驾车时屡次超速，并因此两次受到罚款，最终导致他的驾照被吊销。对于这样的处罚，诺曼感到愤怒和不满，他认为自己只是运气不佳才被警察抓到，心中不禁咒骂警察过于干涉。

直至年过五旬，诺曼才重新开始了规律且故意的犯罪行为。由于工作性质他常常需要乘火车出差，只要有机可乘，他便会选择逃票。他之所以这样做，是因为他深信铁路公司提供的服务质量不佳——火车常常晚点、环境污秽、车厢过度拥挤、票价又高得令人咋舌。尽管如此，他在逃票的过程中始终保持着好运，从未被查获。诺曼觉得自己不时地想犯下其他罪行。例如，他想殴打长期吵闹的邻居、殴打一对试图抢劫诺玛的年轻人，以及将一辆有严重缺陷的汽车卖给修车厂的老板。他从未按这些臆想而行事，但这些想法会不时地出现在他的脑海之中。他知道自己无法接近这些目标，且不知道究竟应该选择谁成为这个倒霉蛋，所以他的暴力情绪很快就消失了。不仅如此，他还对暴力感到惧怕，他的妻子诺玛也经常劝他冷静下来。更重要的是，他自己明确地知道如果从事这些犯罪行为，自己获得的收益不足以补偿随后被指控并被带上法庭而产生的费用。

诺曼在他的一生中犯下了许多罪行，但显然有许多类型的犯罪他并没有考虑。例如，他永远不会想实施入室盗窃、偷窃机动车或个人盗窃。他也绝不会欺骗他的同事或税务机关，尽管他有很多机会这样做。成年后，他就再也没有考虑过实施刑事破坏或商店盗窃。虽然诺曼抢劫银行的梦想从未完全离开过他的大脑，但他从未实施过抢劫。诺曼未犯的（被阻止的）罪行显然比他所犯的罪行要多得多。有些（如家庭盗窃）从未进入他的大脑，有些（如谋杀）他认为在道德上是令人厌恶的，有些（如银行抢劫）他根本无法实施，有些（如攻击铁路公司工作人员）他因为害怕法律后果而没有实施，有些（如欺诈大型公司）与诺曼所处的世界无关。这些原因中的任何一个都足以阻止他采取进一步的行动（从非常严重的，如谋杀和强奸，到相对微不足道的，如逃避电视执照费和乱扔垃圾）。

诺曼的经历颇具代表性，它揭示了大多数（虽非全部）犯罪行为的发生与预防机制。回顾诺曼的犯罪生涯，他的选择——无论是所采取的行动还是放弃的念头——可能会引起许多读者的共鸣，或许这些想法也曾悄然浮现在你们的心中（尽管可能让一些女性读者感到惊愕）。无疑，诺曼是独一无二的，他的生活轨迹与他人截然不同。然而，他的故事也反映了我们所有人共有的特质，揭示了明显的普遍模式和值得我们深思的重要教训。诺曼的经历代表了某个时代、某个群体的缩影。

在20世纪50年代，诺曼出生于一个社会经济地位中下的家庭，在一个乡村环境中成长，这样的背景为探讨犯罪及其预防提供了独特而特定的视角。这种环境塑造了诺曼犯罪生涯的独特性。然而，犯罪模式随着环境的变化而演变，这也是本书探讨的一个重要而普遍的主题。

细心且富有耐心的读者或许会被激发出创作个人版犯罪生涯剧本的灵感，并在阅读过程中将其作为参照。若你心生此念，不妨与那些愿意彻底坦诚的人进行深入交流。同时，对于年长的读者而言，这个故事也许会成为他们回顾自身经历、审视自己犯罪生涯剧本的一面镜子。

参考文献

Adams, J. (1995) *Risk*. London: UCL Press.

Audit Commission (2002) *Changing Habits: The Commissioning and Management of Community Drug Treatment Services for Adults*. London: Audit Commission.

Audit Commission (2007) *Police Data Quality 2006/7*. London: AuditCommission.

Bemelmans-Videc, M., Rist, R. andVedung, E. (1998) *Carrots, Sticks and Sermons: Policy Instruments and Evaluation*. New Brunswick, NJ: Transaction.

Bottoms, A., Claytor, A. and Wiles, P. (1992) "Housing markets and residential community crime careers", in D. Evans, N. Fyfe and D. Herbert (eds) *Crime, Policing and Place: Essays in Environmental Criminology*. London: Routledge.

Bottoms, A. and Wiles, P. (1986) "Housing tenure and residential community crime careers in Britain", in A. Reiss and M. Tonry (eds) *Communities and Crime*, Crime and Justice Volume 8. Chicago: University of Chicago Press.

Bottoms, A. and Wiles, P. (1997) "Environmental criminology", in M. Maguire, R. Morgan and R. Reiner (eds) *The Oxford Handbook of Criminology*, 2nd edn. Oxford: Oxford University Press.

Bowers, K. and Johnson, S. (2003a) "Measuring the geographical displacement and diffusion of benefit effects of crime prevention activity", *Journal of*

Quantitative Criminology, 19 (3).

Bowers, K. and Johnson, S. (2003b) *Reducing Burglary Initiative: The Role of Publicity in Crime Prevention*. Home Office Research Study 272. London: Home Office.

Bowers, K. and Johnson, S. (2005) "Domestic burglary repeats and space-time clusters", *European Journal of Criminology*, 2 (1).

Bowers, K., Johnson, S. and Pease, K. (2005) "Victimisation and re-victimisation risk, housing type and area: a study of interactions", *Crime Prevention and Community Safety: An International Journal*, 7 (1).

Bowers, K., Sidebottom, A. and Ekblom, P. (Forthcoming) "CRITIC: a prospective planning tool for crime prevention evaluation designs", *Crime Prevention and Community Safety: An International Journal*.

Box, S. (1971) *Deviance, Reality and Society*. London: Holt Rinehart and Winston.

Bradbury, A. (2001) *Juvenile Referral Scheme*. Blackburn: Lancashire Constabulary. Tilley Award Entry available online at: http://www.popcenter.org/library/awards/tilley/2001/01-36.pdf.

Braithwaite, J. (1989) *Crime, Shame and Reintegration*. Cambridge: Cambridge University Press.

Brantingham, P. and Brantingham, P. (1981) "Notes on the geometry of crime", in RBrantingham and R Brantingham (eds) *Environmental Criminology*. Beverly Hills, CA: Sage.

Brantingham, P. and Brantingham, P. (1984) *Patterns in Crime*. New York: Macmillan.

Brantingham, P. and Brantingham, P. (1995) "Criminality of place: crime generators and crime attractors", *European Journal of Criminal Policy and Research*, 3 (3).

Brantingham, P. and Brantingham, P. (2008) "Crime pattern theory", in

R. Wortley and L. Mazerolle (eds) *Environmental Criminology and Crime Analysis*. Cullompton: Willan Publishing.

Brown, R. (2004) "The effectiveness of electronic immobilization: changing patterns of temporary and permanent vehicle theft", in M. Maxfield and R. Clarke (eds) *Understanding and Preventing Car Theft*. Crime Prevention Studies Volume 17. Monsey, NY: Criminal Justice Press.

Budd, T., Sharp, C. and Mayhew, P. (2004) *Offending in England and Wales: First Results from the 2003 Crime and Justice Survey*. Home Office Research Study 275. London: Home Office.

Bullock, K. (2007) *Lost in Translation*. Unpublished PhD Thesis. University College London.

Bullock, K., Erol, R. and Tilley, N. (2006) *Problem–Oriented Policing and Partnerships: Implementing an Evidence-Based Approach to Crime Reduction*. Cullompton: Willan Publishing.

Bullock, K., Moss, K. and Smith, J. (2000) *Anticipating the Impact of Section 17 of the Crime and Disorder Act*. Briefing Note 11/00. London: Home Office.

Bullock, K. and Tilley, N. (2002) *Gangs, Guns and Violent Incidents in Manchester: Developing a Crime Reduction Strategy*. Crime Reduction Research Series 13. London: Home Office.

Bullock, K. and Tilley, N. (2003a) "From strategy to action: the development and implementation of problem–oriented projects", in K. Bullock and N. Tilley (eds) *Crime Reduction and Problem–Oriented Policing*. Cullompton: Willan Publishing.

Bullock, K. and Tilley, N. (2003b) *Crime Reduction and Problem–Oriented Policing*. Cullompton: Willan Publishing.

Bullock, K. and Tilley, N. (2008) "Understanding and tackling gang violence", *Crime Prevention and Community Safety*, 10 (1).

Burrows, J., Tarling, R., Mackie, A., Lewis, R. and Taylor, G. (2000) *Review of Police Forces' Crime Recording Practices*. Home Office Research Study 204. London: Home Office.

Chenery, S., Holt, J. and Pease, K. (1997) *Biting Back II: Reducing Repeat Victimisation in Huddersfield*. Crime Detection and Prevention Paper 82. London: Home Office.

Clarke, R. (1992) *Situational Crime Prevention: Successful Case Studies*, 1st edn. New York: Harrow and Heston.

Clarke, R. (1995) "Situational crime prevention", in M. Tonry and D. Farrington (eds) *Building a Safer Society*, Crime and Justice Volume 19. Chicago: University of Chicago Press.

Clarke, R. (1997) "Introduction", in R. Clarke (ed.) *Situational Crime Prevention: Successful Case Studies*, 2nd edn. New York: Harrow and Heston.

Clarke, R. (2002a) "Introduction", in R. Clarke (ed.) *Situational Crime Prevention: Successful Case Studies*, 1st edn. New York: Harrow and Heston.

Clarke, R. (2002b) *Theftsofand From Cars in Parking Facilities*. Problem-Oriented Guides for Police Series Number 11. Washington DC: US Department of Justice Office of Community-Oriented Policing Services.

Clarke, R. (2005) "Seven misconceptions of situational crime prevention", in N. Tilley (ed.) *Handbook of Crime Prevention and Community Safety*. Cullompton: Willan Publishing.

Clarke, R. and Eck, J. (2003) *Become a Problem-Solving Crime Analyst: In 55 Small Steps*. London: Jill Dando Institute of Crime Science.

Clarke, R. and Goldstein, H. (2003a) *Reducing Thefts at Construction Sites: Lessons from a Problem-oriented Project*. Washington, DC: US Department of Justice, Office of Community-Oriented Policing Services. Accessible at: http://www.popcenter.org/Library/RecommendedReadings/ConstructionTheft.pdf.

Clarke, R. and Goldstein, H. (2003b) *Theft from Cars in CityCenter*

Parking Facilities-A Case Study. Washington, DC: US Department of Justice, Office of Community-Oriented Policing Services. Accessible at: http://www.popcenter.org/Problems/Supplemental_ Material/Car%20Thefts/clarkegold.pdf.

Clarke, R. and Hough, M. (1984) *Crime and Police Effectiveness*. Home Office Research Study 79. London: HMSO.

Clarke, R. and Mayhew, P. (1988) "The British Gas suicide story and its criminological implications", in M. Tonry and N. Morris (eds) *Crime and Justice: A Review of Research*, Volume 10. Chicago, IL: University of Chicago Press.

Cohen, L. and Felson M. (1979) "Social change and crime rate trends: a routine activity approach", *American Sociological Review*, 44.

Cohen, S. (1973) *Folk Devils and Moral Panics*. St Albans: Paladin.

Coleman, A. (1990) *Utopia on Trial*. London: Hilary Shipman Ltd.

Cornish, D. (1994) "The procedural analysis of offending and its relevance to for situational prevention", in R. Clarke (ed.) *Crime Prevention Studies*, Volume 3. Monsey, NY: Criminal Justice Press.

Cornish, D. and Clarke, R. (2003) "Opportunities, precipitators and criminal decisions: a reply to Wortley's critique of situational crime prevention", in M. Smith and D. Cornish (eds) *Theory and Practice in Situational Crime Prevention*. Crime Prevention Studies Volume 16. Monsey, NY: Criminal Justice Press.

Cornish, D. and Clarke, R. (2008) "The rational choice perspective", in R. Wortley and L. Mazerolle (eds) *Environmental Criminology and Crime Analysis*. Cullompton: Willan Publishing.

Cornish, D. and Clarke, R. (1986) *The Reasoning Criminal : Rational Choice Perspectives on Offending*. New York: Springer-Verlag.

Crawford, A. (1998) *Crime Prevention and Community Safety*. Harlow: Longman.

Curra J. (2000) *The Relativity of Deviance*. Thousand Oaks, CA: Sage.

Eck, J. (2002) "Learning from experience in problem-oriented policing and situational crime prevention: the positive functions of weak evaluations and the negative functions of strong ones", in N. Tilley (ed.) *Evaluation for Crime Prevention.* Crime Prevention Studies Volume 14. Monsey, NY: Criminal Justice Press.

Eck, J. (2005) "Evaluation for lesson-learning", in N. Tilley (ed.) *Handbook of Crime Prevention and Community Safety.* Cullompton: Willan Publishing.

Eck, J. and Spelman, W. (1987) *Problem-Solving: Problem-Oriented Policing in Newport News.* Washington, DC: Police Executive Research Forum.

Edge, S. (2007) "The good neighbours who fought back", *Daily Express*, 24 February.

Ekblom, P. (1988) *Getting the Best out of Crime Analysis.* Crime Prevention Unit Paper 10. London: Home Office.

Ekblom, P. (1997) "Gearing up against crime: a dynamic framework to help designers keep up with the adaptive criminal in a changing world", *International Journal of Risk, Security and Crime Prevention*, 2 (4).

Ekblom, P. (2005) "Designing products against crime", in N. Tilley (ed.) *Handbook of Crime Prevention and Community Safety.* Cullompton: Willan Publishing.

Ekblom, P. and Pease, K. (1995) "Evaluating crime prevention", in M. Tonry and D. Farrington (eds) *Building a Safer Society.* Crime and Justice Volume 19. Chicago: University of Chicago Press.

Ekblom, P. and Tilley, N. (2000) "Going equipped: criminology, situational crime prevention and the resourceful offender", *British Journal of Criminology*, 40 (3).

Engstad, P. and Evans, H. (1980) "Responsibility, competence and police effectiveness in crime control", in R. Clarke and M. Hough (eds) *The Effectiveness of Policing.* Farnborough: Gower.

Farrell, G., Chenery, S. and Pease, K. (1998) *Consolidating Police Crackdowns: Findings from an Anti-Burglary Project*. Police Research Series Paper 113. London: Home Office.

Farrell, G. and Pease, K. (1993) *Once Bitten, Twice Bitten: Repeat Victimisation and the Implications or Crime Prevention*. Crime Prevention Unit Paper 46. London: Home Office.

Farrington, D. (1996) "The explanation and prevention of youthful offending", in J. David Hawkins (ed.) *Delinquency and Crime*. Cambridge: Cambridge University Press.

Farrington, D. (2007) "Childhood risk factors and risk-focused prevention", in M. Maguire, R. Morgan and R. Reiner (eds) *The Oxford Handbook of Criminology*, 4th edn. Oxford: Oxford University Press.

Farrington, D., Coid, J., Harnett, L., Jolliffe, D., Soteriou, N., Turner, R. and West, D. (2006) *Criminal Careers up to Age 50 and Life Success up to Age 48: New Findings from the Cambridge Study in Delinquent Development*. Home Office Research Study 299. London: Home Office.

Felson, M. (1986) "Linking criminal choices, routine activities, informal control, and criminal outcomes", in D. Cornish and R. Clarke (eds) *The Reasoning Criminal: Rational Choice Perspectives on Offending*. New York: Springer.

Felson, M. (2002) *Crime and Everyday Life*. Thousand Oaks, CA: Sage.

Felson, M. (2006) *The Ecosystem for Organised Crime*. HEUNI Paper Number 26. Helsinki: The European Institute for Crime Prevention and Control.

Felson, M. and Clarke, R. (1998) *Opportunity Makes the Thief*. Police Research Series Paper 98. London: Home Office.

Fisher, H., Gardner F. and Montgomery P. (2008) "Cognitive-behavioural interventions for preventing youth gang involvement for children and young people (7-16)", *Cochrane Database of Systematic Reviews 2008*, Issue 2.

Flood-Page, C., Campbell, C., Harrington, V. and Miller, J. (2000)

Youth Crime: Findings from the 1998/99 Youth Lifestyles Survey. Home Office Research Study 209. London: Home Office.

Forrest, S., Myhill, A. and Tilley, N. (2005) *Practical Lessons for Involving the Community in Crime and Disorder Problem-Solving.* Home Office Development and Practice Report 43. London: Home Office.

Forrester, D., Chatterton, M. and Pease, K. with the assistance of Brown, R. (1988) *The Kirkholt Burglary Prevention Project, Rochdale.* Crime Prevention Unit Paper 13. London: Home Office.

Forrester, D., Frenz, S., O'Connell, M. and Pease, K. (1990) *The Kirkholt Burglary Prevention Project, Phase II.* Crime Prevention Unit Paper 23. London: Home Office.

Friendship, C. andDebidin, M. (2006) "Probation and prison interventions", in A. Perry, C. McDougall and D. Farrington (eds) *Reducing Crime: The Effectiveness of Criminal Justice Interventions.* Chichester: Wiley.

Frisher, M. and Beckett, H. (2006) "Drug use desistance", *Criminology and Criminal Justice*, 6 (1).

Furedi, F. and Bristow, J. (2008) *Licensed to Hug.* London: Civitas.

Gabor, T. (1994) *Everybody Does It: Crime by the Public.* Toronto: University of Toronto Press.

Garland, D. (2001) *The Culture of Control.* Oxford: Oxford University Press.

Gest, T. (2001) *Crime and Politics.* Oxford: Oxford University Press.

Gilling, D. (1997) *Crime Prevention.* London: UCL Press.

Goldblatt, P. and Lewis, C. (1998) *Reducing Offending: An Assessment of the Research Evidence on Ways of Dealing with Offending Behaviour.* Home Office Research Study 187. London: Home Office.

Goldstein, H. (1979) "Improving policing: a problem-oriented approach", *Crime and Delinquency*, 25.

Goldstein, H. (1990) *Problem-Oriented Policing*. New York: McGraw-Hill.

Gouldner, A. (1959) "Reciprocity and autonomy in functional theory", in L. Gross (ed.) *Symposium on Sociological Theory*. Evanston, IL: Row. Peterson.

Gouldner, A. (1960) "The norm of reciprocity: a preliminary statement", *American Sociological Review*, 25.

Green, S. (2007) " 'Victims movement' and restorative justice", in G. Johnstone and D. Van Ness (eds) *Handbook of Restorative Justice*. Cullompton: Willan Publishing.

Greene, J. (2000) "Community policing in America: changing the nature, structure, and function of the police", in J. Horney (ed.) *Policies, Processes and Decisions of the Criminal Justice System. Criminal Justice 2000*. Washington, DC: US Department of Justice Office of Justice Programs.

Guerette, R. (2008) *The Pull, Push, and Expansion of Situational Crime Prevention Evaluation : An Appraisal of Thirty-Seven Years of Research*. Presented at Stavern, May 2008.

Hanmer, J. (2003) "Mainstreaming solutions to major problems: reducing repeat domestic violence", in K. Bullock and N. Tilley (eds) *Crime Reduction and Problem-Oriented Policing*. Cullompton: Willan Publishing.

Hanmer, J., Griffiths, S. and Jerwood, D. (1999) *Arresting Evidence: Domestic Violence and Repeat Victimisation*. Policing Research Series Paper 104. London: Home Office.

Hardie, J. and Hobbs, B. (2005) "Partners against crime: the role of the corporate sector in tackling crime", in R. Clarke and G. Newman (eds) *Designing Out Crime from Products and Systems*. Crime Prevention Studies Volume 18. Monsey, NY: Criminal Justice Press.

Harper, C. and Chitty, C. (2005) *The Impact of Corrections on Reoffending: A Review of "What Works"*. Home Office Research Study 291, 3rdedn. London:

Home Office.

Hartshorne, H. and May, M. (1928) *Studies in the Nature of Character*, Volume 1, *Studies in Deceit*. New York: Macmillan.

Hayes, H. (2007) "Restorative justice and reoffending", in G. Johnstone and D. Van Ness (eds) *Handbook of Restorative Justice*. Cullompton: Willan Publishing.

Hesseling, R. (1994) "Displacement: a review of the empirical literature", in R. Clarke (ed) *Crime Prevention Studies*, Volume 3. Monsey, NY: Criminal Justice Press.

Hirschi, T. (1969) *Causes of Delinquency*. Berkeley: University of California Press.

Hodgkinson, S. and Tilley, N. (2007) "*Travel-to-crime*: homing in on the victim", *International Review of Victimology*, 14 (3).

Hollin, C., Palmer, E., McGuire, J., Hounsome, J., Hatcher, R., Bilby, C. and Clark, C. (2004) *Pathfinder Programmes in the Probation Service: A Retrospective Analysis*. Home Office Online Report 66/04. London: *Home Office*.

Holloway, K. and Bennett, T. (2004) *The Results of the First Two Years of the NEW-ADAM Programme*. Home Office On-Line Report 19/04. London: Home Office.

Home Office (2004) *Prolific and Other Priority Offender Strategy*. London: Home Office, Youth Justice Board and the Department for Education and Skills.

Home Office (2006) *Building Communities, Beating Crime: A Better PoliceServicefor the 21st Century*. London: Home Office.

Homel, P., Nutley, S., Webb, B. and Tilley, N. (2004) *Investing to Deliver: Reviewing the Implementation of the UK Crime Reduction Programme*. Home Office Research Study 281. London: Home Office.

Homel, R. (1988) *Policing and Punishing the Drinking Driver: A Study of General and Specific Deterrence*. New York: Springer-Verlag.

Homel, R. (1995) "Can the police prevent crime?", in K. Bryett and C. Lewis (eds) *Contemporary Policing: Unpeeling Tradition.* Sydney: Macmillan.

Homel, R. (2005) "Developmental crime prevention", in N. Tilley (ed.) *Handbook of Crime Prevention and Community Safety.* Cullompton: Willan Publishing.

Homel, R., Hauritz, M., Mcllwain, G., Wortley, R. and Carvolth, R. (1997) "Preventing drunkenness and violence around nightclubs in a tourist resort", in R. Clarke (ed.) *Situational Crime Prevention: Successful Case Studies*, 2nd edn. Albany, NY: Harrow and Heston.

Hope, T. (1995) "Community crime prevention", in M. Tonry and D. Farrington (eds) *Building a Safer Society.* Crime and Justice Volume 19. Chicago: University of Chicago Press.

Hope, T. and Murphy, J. (1983) "Problems of implementing crime prevention", *The Howard Journal*, 23.

Hough, M. (2004) "Modernisation, scientific rationalism and the crime reduction programme", *Criminal Justice*, 4 (3).

Hough, M. and Maxfield, M. (2007) *Surveying Victims in the 21st Century.* Crime Prevention Studies Volume 22. Monsey, NY: Criminal Justice Press.

Hough, M. and Tilley, N. (1998) *Getting the Grease to the Squeak: Research Lessons for Crime Prevention.* Crime Prevention and Detection Series Paper 85. London: Home Office.

Houghton, G. (1992) *Car Theft in England and Wales: The Home Office Car Theft Index.* Crime Prevention Unit Paper 33. London: Home Office.

Hughes, G. (1998) *Understanding Crime Prevention.* Buckingham: Open University Press.

Hughes, G. (2007) *The Politics of Crime and Community.* Basingstoke: Palgrave.

Hughes, G., McLaughlin, E. and Muncie, J. (2002) *Crime Prevention and*

Community Safety. London: Sage.

Innes, M. (2004) "Signal crimes and signal disorders: notes on deviance as communicative action", *British Journal of Sociology*, 55 (3).

Jeffery, C. Ray (1971) *Crime Prevention Through Environmental Design*. Beverley Hills, CA: Sage.

Johnson, S. and Bowers, K. (2007) "Burglary prediction: the role of theory, flow and friction", in G. Farrell, K. Bowers, S. Johnson and M. Townsley (eds) *Imagination for Crime Prevention: Essays in Honour of Ken Pease*. Crime Prevention Studies Volume 21. Monsey, NY: Criminal Justice Press.

Johnson, S., Bowers, K. and Pease, K. (2005) "Predicting the future or summarising the past? crime mapping in anticipation", in M. Smith and N. Tilley (eds) *Crime Science*. Cullompton: Willan Publishing.

Johnstone, G. and Van Ness, D. (2007) *Handbook of Restorative Justice*. Cullompton: Willan Publishing.

Kelling, G. (2005) "Community crime reduction: activating formal and informal control", in N. Tilley (ed.) *Handbook of Crime Prevention Community Safety*. Cullompton: Willan Publishing.

Kennedy, D. (2008) *Deterrence and Crime Prevention*. London: Routledge.

Kennedy, D., Braga, A., Piehl, A. and Waring, E. (2001) *Reducing Gun Violence: The Boston's Gun Project's Operation Ceasefire: Developing and Implementing Operation Ceasefire*. Washington, DC: *National Institute of Justice US Department of Justice Office of Justice Programs*.

Knutsson, J. (2004) *Problem-Oriented Policing: From Innovation to Mainstream*. Crime Prevention Studies Volume 15. Monsey, NY: Criminal Justice Press.

Koch, B. (1998) *The Politics of Crime Prevention*. Aldershot: Ashgate.

Lancashire Constabulary (2003) *The Tower Project: Goldstein Award Entry*. Available at http://popcenter.org/library/awards/goldstein/2003/03-59 (F).pdf, accessed August 2008.

Langman, J. (2005) *A Guide to Promising Approaches*, 2nd edn. London: Communities that Care.

Laub, J. H. and Sampson, R. J. (2003) *Shared Beginnings, Divergent Lives: Delinquent Boys to Age 70*. Massachusetts: Harvard University Press.

Laycock G. (1985) *Property Marking: A Deterrent to Domestic Burglary?* Crime Prevention Unit Paper 3. London: Home Office.

Laycock, G. (1997) "Operation Identification, or the power of publicity?", in R. Clarke (ed.) *Situational Crime Prevention: Successful Case Studies*, 2nd edn. New York: Harrow and Heston

Laycock, G. (2004) "The UK car theft index: an example of government leverage", in M. Maxfield and R. Clarke (eds) *Understanding and Preventing Car Theft*. Crime Prevention Studies Volume 17. Monsey, NY: Criminal Justice Press.

Laycock, G. and Tilley, N. (1995a) *Policing and Neighbourhood Watch*. Crime Prevention and Detection Series Paper 60. London: Home Office.

Laycock, G. and Tilley, N. (1995b) "Implementing crime prevention", in M. Tonry and D. Farrington (eds) *Building a Safer Society: Strategic Approaches to Crime Prevention*. Crime and Justice volume 19. Chicago: University of Chicago Press.

Laycock, G. and Webb, B. (2000) "Making it happen", in S. Ballintyne, K. Pease and V. McLaren (eds) *Secure Foundations*. London: IPPR.

Laycock, G. and Webb, B. (2003) "Conclusion: the role of the centre", in K. Bullock and N. Tilley (eds) *Crime Reduction and Problem-Oriented Policing*. Cullompton: Willan Publishing.

Lemert, E. (1972) *Human Deviance, Social Problems and Social Control*. Englewood Cliffs, NJ: Prentice-Hall.

Lewin, K. (1951) "Field theory in social science", in D. Cartwright (ed.) New York: Harper & Row.

Lipsky, M. (1980) *Street-Level Bureaucracy*. New York: Russell Sage Foundation.

Loeber, R., Wim Slot, N. and Stouthamer-Loeber, M. (2006) "A three-dimensional, cumulative, developmental model of serious delinquency", in P-O. Wikstrom and R. Sampson (eds) *The Explanation of Crime*. Cambridge: Cambridge University Press.

Maguire, J., edited by Furniss, M. Jane. (2000) *Cognitive Behavioural Approaches: An Introduction to Theory and Research*. Available at: http://inspectorates.homeoffice.gov.uk/hmiprobation/docs/cogbehl.pdf?view=Binary, accessed June 2008.

Maguire, M. (2004) "The crime reduction programme in England and Wales", Criminal Justice, 4 (3).

Makkai, T. and Payne, J. (2003) *Key Issues from the Drug Use Careers of Offenders (DUCO) Study*. Trends and Issues Number 267. Canberra: Australian Institute of Criminology.

Marsden, J. and Farrell, M. (2002) "Research on what works to reduce illegal drug misuse", Appendix Five to Audit Commission, *Changing Habits: The Commissioning and Management of Community Drug Treatment Services for Adults*. London: Audit Commission.

Martin, J. and Webster, D. (1994) *Probation Motor Projects in England and Wales*. London: Home Office.

Mayhew, P., Clarke, R., Sturman, A. and Hough, M. (1976) *Crime as Opportunity*. Home Office Research Study 34. London: HMSO.

McDougall, C., Perry, A. and Farrington D. (2006) "Overview of effectiveness of criminal justice interventions in the UK", in A. Perry, C. McDougall and D. Farrington (eds) *Reducing Crime: The Effectiveness of Criminal Justice Interventions*. Chichester: Wiley.

McSweeney, T. and Hough, M. (2005) "Drugs and alcohol", in N. Tilley (ed.) *Handbook of Crime Prevention and Community Safety*. Cullompton: Willan

Publishing.

Mistry, D. (2006) *A Process Evaluation of a Pilot Community Engagement Project*. Unpublished Report to the Home Office.

Mistry, D. (2007) *Community Engagement: Practical Lessons from a Pilot Project*. Development and Practice Report 48. London: Home Office.

Moffitt, T. (1993) "'Adolescent-limited' and 'Life-course-persistent' antisocialbehavior: a developmental taxonomy", *Psychological Review*, 100 (4).

National Institute on Drug Abuse (NIDA) (2006) *Principles of Drug Abuse Treatment for Criminal Justice Populations: A Research-Based Guide*. National Institutes of Health. US Department of Health and Human Services.

Newburn, T. and Hayman, S. (2002) *Policing, Surveillance and Social Control*. Cullompton: Willan Publishing.

Newman, O. (1972) *Defensible Space*. New York: Macmillan.

Nicholas, S., Kershaw, C. and Walker, A. (2007) *Crime in England and Wales 2006/7*. Home Office Statistical Bulletin 11/07. London: Home Office.

Office of National Drug Control Policy (ONDCP) (2000) *Drug-Related Crime*. Washington: Office of National Drug Control Policy.

Pawson, R. (2006) *Evidence-Based Policy: A Realist Perspective*. London: Sage.

Pawson, R. and Tilley, N. (1997) *Realistic Evaluation*. London: Sage.

Pawson, R. and Tilley, N. (2005) "Realist evaluation", in S. Mathison (ed.) *Encyclopedia of Evaluation*. Thousand Oaks, CA: Sage.

Pease, K. (1997) "Predicting the future: the roles of Routine Activity Theory and Rational Choice Theory", in G. Newman, R. Clarke and S. Giora Shoham (eds) *Rational Choice and Situational Crime Prevention*. Aldershot: Ashgate.

Peck, E. and 6, P. (2006) *Beyond Delivery*. Basingstoke: Palgrave.

Perry, A., McDougall, C. and Farrington, D (2006) *Reducing Crime: The Effectiveness of Criminal Justice Interventions*. Chichester: Wiley.

Petrosino, A., Turpin-Petrosino, C. and Buehler, J. (2002) "'Scared Straight' and other juvenile awareness programs for preventing juvenile delinquency", *The Campbell Collaboration Reviews of Intervention and Policy Evaluations* (*C2-RIPE*). Philadelphia, PA: Campbell Collaboration.

Povey, K. (2000) *On the Record*. London: Her Majesty's Inspectorate of Constabulary.

Poyner, B. (2002) "Situational crime prevention in two parking facilities", in R. Clarke (ed.) *Situational Crime Prevention: Successful Case Studies*, 2nd edn. New York: Harrow & Heston.

Pressman, J. and Wildavsky, A. (1973) *Implementation*. Berkley, CA: University of California Press.

PricewaterhouseCoopers (2005) *Personalized Medicine: The Emerging Pharmacogenomics Revolution*. Global Research Centre Health Research Institute.

Quinton, P. and Morris, J. (2008) *Neighbourhood Policing: The Impact of Piloting and Early National Implementation*. Home Office Online Report 01/08. London: Home Office.

Ratcliffe, J. (2008) *Intelligence-Led Policing*. Cullompton: Willan Publishing.

Rawlings, P. (2003) "Policing before the police", in T. Newburn (ed.) *Handbook of Policing*. Cullompton: Willan Publishing.

Read, T. and Tilley, N. (2000) *Not Rocket Science: Problem-Solving and Crime Reduction*. Crime Reduction Research Series 6. London: Home Office.

Reppetto, T. (1976) "Crime prevention and the displacement phenomenon", *Crime and Delinquency*, 22.

Rodriguez, M. (1993) *Together We Can*. Chicago, IL: Chicago Police Department.

Roman, J. and Farrell, G. (2002) "Cost-benefit analysis for crime prevention: opportunity costs, routine savings and crime externalities", in N. Tilley (ed.) *Evaluation for Crime Prevention*. Crime Prevention Studies Volume 14. Monsey, NY: Criminal Justice Press.

Royal Academy of Engineering (2007) *Dilemmas of Privacy and Surveillance: Challenges of Technological Change*. London: Royal Academy of Engineering.

Sampson, R., Raudenbush, S. and Earls, F. (1997) "Neighborhoods and violent crime: a multilevel study of collective efficacy", Science, 277.

Scarman, L. (1982) *The Scarman Report: The Brixton Disorders 10 – 12 April 1981*. Harmondsworth: Penguin.

Scott, M. (2000) *Problem-Oriented Policing: Reflections of the First Twenty Years*. Washington, DC: Department of Justice Office of Community – Oriented Policing Services.

Scott, M. (2005) "Shifting and sharing police responsibility to address public safety issues", in N. Tilley (ed.) *Handbook of Crime Prevention and Community Safety*. Cullompton: Willan Publishing.

Scott, M. and Goldstein, H. (2005) *Shifting and Sharing Responsibility for Public Safety Problems*. Problem – Oriented Guides for Police Response Guide Series Number 3. Washington, DC: Department of Justice Office of Community-Oriented Policing Services.

Seddon, T. (2007) "Coerced drug treatment in the criminal justice system: conceptual, criminological and ethical issues", *Criminology and Criminal Justice*, 7 (3).

Shadish, W., Cook, T. and Campbell, D. (2002) *Experimental and Quasi-Experimental Designs for Generalised Causal Inference*. Boston: Houghton Mifflin.

Sherman, L. (1990) "Police crackdowns: initial and residual deterrence", in M. Tonry and N. Morris (eds) *Crime and Justice*, Volume 12. Chicago: University of Chicago Press.

Sherman, L. (1992a) "Attacking crime: police and crime control", in M. Tonry and N. Morris (eds) *Modern Policing. Crime and Justice: A Review of*

Research, Volume 15. Chicago: University of Chicago Press.

Sherman, L. (1992b) *Policing Domestic Violence*. New York: Free Press.

Sherman, L. and Berk, R. (1984) *The Minneapolis Domestic Violence Experiment*. Washington, DC: Police Foundation.

Sherman, L. , Gottfredson, D. , MacKenzie, D. , Eck, J. , Reuter, P. and Bushway, S. (1997) *Preventing Crime: What Works, What Doesn't, What's Promising*. Washington, DC: US Department of Justice, Office of Justice Programs.

Sims, L. (2001) *Neighbourhood Watch: Findings from the 2000 British Crime Survey*. Home Office Findings 150. London: Home Office.

Skodbo, S. , Brown, G. , Deacon, S. , Cooper, C. , Hall, A. , Millar, T. , Smith, J. and Whitham, K. (2007) *The Drug Interventions Programme (DIP): Addressing Drug Use and Offending through "Tough Choices"*. Research Report 2. London: Home Office.

Skogan, W. (2004) *Community Policing: Can it Work?* Belmont, CA: Thomson Wadsworth.

Skogan, W. (2006) *Policing and Community in Chicago*. Oxford: Oxford University Press.

Skogan, W. and Hartnett, S. (1997) *Community Policing: Chicago Style*. Oxford: Oxford University Press.

Smith, M. (2004) *Routine Precautions Used by Taxi-drivers: A Situational Crime Prevention Approach*. Presented at the American Society of Criminology Meeting, Nashville, Tennessee, November 2004.

Smith, M. , Clarke, R. and Pease, K. (2002) "Anticipatory benefits in crime prevention", in N. Tilley (ed.) *Analysis for Crime Prevention*. Crime Prevention Studies Volume 13. Monsey, NY: Criminal Justice Press.

Stockdale, J. and Whitehead, C. (2003) "Assessing cost-effectiveness", in K. Bullock and N. Tilley (eds) *Crime Reduction and Problem-Oriented Policing*. Cullompton: Willan Publishing.

Stockdale, J. , Whitehead, C. and Gresham, P. (1999) *Applying Economic Evaluation in Policing Activity*. Police Research Series Paper 103. London: Home Office.

Sutton, M. (1998) *Handling Stolen Goods and Theft: A Market Reduction Approach*. Home Office Research Study 178. London: Home Office.

Sutton, M. , Schneider, J. and Hetherington, S. (2001) *Tackling Theft with the Market Reduction Approach*. Home Office Crime Reduction Series Paper 8. London: Home Office.

Tarling, R. (1993) *Analysing Offending: Data, Models and Interpretations*. London: HMSO.

Tilley, J. and Webb, J. (1994) *Burglary Reduction: Findings from the Safer Cities Programme*. Crime Prevention Unit Series Paper 51. London: Home Office.

Tilley, N. (1993a) "Crime prevention and the Safer Cities story", *The Howard Journal*, 32 (1).

Tilley, N. (1993b) *After Kirkholt: Theory, Methods and Results of Replication Evaluations*. Crime Prevention Unit Paper 47. London: Home Office.

Tilley, N. (1993c) *The Prevention of Crime Against Small Businesses: The Safer Cities Experience*. Crime Prevention Unit Series Paper 45. London: Home Office.

Tilley, N. (1996) "Demonstration, exemplification, duplication and replication in evaluation research", *Evaluation*, 2 (1).

Tilley, N. (2000a) "Doing realistic evaluation of criminal justice", in V. Jupp, P. Davies and P. Francis (eds) *Doing Criminological Research*. London: Sage.

Tilley, N. (2000b) "The evaluation jungle", in S. Ballintyne, K. Pease and V. McLaren (eds) *Secure Foundations: Key Issues in Crime Prevention, Crime Reduction and Community Safety*. London: IPPR.

Tilley, N. (2003) "Community policing, problem-oriented policing and intelligence-led policing", in T. Newburn (ed.) *Handbook of Policing*. Cullompton: Willan Publishing.

Tilley, N. (2004a) "Applying theory-driven evaluation to the British Crime Reduction Programme", *Criminal Justice*, 4 (3).

Tilley, N. (2004b) "Using crackdowns constructively", in R. Hopkins Burke (ed.) *Hard Cop, Soft Cop*. Cullompton: Willan Publishing.

Tilley, N. (2004c) "Karl Popper: a philosopher for Ronald Clarke's situational crime prevention", in S. Shoham and P. Knepper (eds) *Tradition and Innovation in Crime and Justice*. Willowdale, ON: de Sitter.

Tilley, N. (2005) "Crime reduction: a quarter century review", *Public Money and Management*, 25 (5).

Tilley, N. (2006) "Asking the right questions in criminal justice evaluations", *Criminal Justice Matters*, 62.

Tilley, N. (2008) "The development of community policing in England: networks, knowledge and neighbourhoods", in T. Williamson (ed.) *The Handbook of Knowledge-Based Policing*. Chichester: Wiley.

Tilley, N. and Laycock, G. (2000) "Joining up research, policy and practice about crime", *Policy Studies*, 21 (3).

Tilley, N. and Webb, J. (1994) *Burglary Reduction: Findings from Safer Cities Schemes*. Crime Prevention Unit Series Paper 51, London: Home Office.

Tillyer, M. and Kennedy, D. (2008) "Locating focused deterrence within a situational crime prevention framework", *Crime Prevention and Community Safety*, 10 (2).

Tseloni, A., Osborn, D., Trickett, A. and Pease, K. (2002) "Modelling crime using the British Crime Survey: what have we learnt?", *British Journal of Criminology*, 42 (1).

Tuffin, R., Morris, J. and Poole, A. (2006) *An Evaluation of the National Reassurance Policing Programme*. Home Office Research Study 296. London: Home

Office.

van Dijk, J., van Kesteran, J. and Smit, P. (2007) *Criminal Victimisation in International Perspective: Key Findings from the 2004–2005 ICVS and the EU ICS*. The Hague: Boom Juridische Uitgevers.

Webb, B. (2005) "Preventing vehicle crime", in N. Tilley (ed.) *Handbook of Crime Prevention and Community Safety*. Cullompton: Willan Publishing.

Webb, B., Smith, M. and Laycock, C. (2004) "Designing out crime through vehicle licensing and registration systems", in M. Maxfield and R. Clarke (eds) *Understanding and Preventing Car Theft*. Crime Prevention Studies Volume 17. Monsey, NY: Criminal Justice Press.

Wikstrom, P - O. (2006) "Individuals, settings and acts of crime: situational mechanisms and the explanation of crime", in P - O. Wikstrom and R. Sampson (eds) *The Explanation of Crime*. Cambridge: Cambridge University Press.

Wikstrom, P-O. (Forthcoming) "Situational action theory", in B. Fisher and S. Lab (eds) *Encyclopedia of Victimology and Crime Prevention*. Thousand Oaks, CA: Sage.

Wilkins, L. (1964) *Social Deviance*. London: Tavistock.

Wilson, J. and Kelling, G. (1982) "Broken windows", *Atlantic Monthly*, March.

Wilson, W. (1987) *The Truly Disadvantaged*. Chicago: University of Chicago Press.

Wolf, C., Smith, C. and Smith, R. (2000) "Science, medicine and the future: pharmacogenetics", *British Medical Journal*, 329.

Wortley, R. (2001) "A classification of techniques for controlling situational precipitators of crime", *Security Journal*, 14.

Wortley, R. and Mazerolle, L. (2008) *Environmental Criminology and Crime Analysis*. Cullompton: Willan Publishing.

Young, J. (1991) "Left realism and the priorities of crime control", in K. Stenson and D. Cowell (eds) *The Politics of Crime Control*. London: Sage.

Young, J. (1999) *The Exclusive Society*. London: Sage.

Zimring, F. and Hawkins, G. (1995) *Incapacitation: Penal Confinement and the Restraint of Crime*. New York: Oxford University Press.

后　记

　　随着科技进步，尤其是计算机技术的飞速发展，犯罪预防工作已步入一个全新的高速发展时期，受到了公众与官方的高度关注。犯罪预防的核心在于在犯罪行为发生之前采取措施，旨在防止犯罪的发生或控制犯罪行为的蔓延。这一工作往往涉及公众、警方、司法系统和矫正机构等多部门的协同行动。与过去以惩罚为主的犯罪预防哲学相比，现代策略更侧重于通过事先干预和矫正措施来有效遏制犯罪。

　　本书全方位、系统地阐述了西方主要发达国家所采纳的犯罪预防策略，及其成效与局限性。例如，书中提及的波士顿枪支项目，它不仅有效阻止了青少年加入帮派，还显著遏制了帮派非法持枪的现象和由此引发的犯罪活动。此外，本书深入解析了多种犯罪预防的理论与实践，为公众在各个层面提供了宝贵的借鉴，同时也激发了我们对于我国犯罪预防策略的深刻思考。在全书最后一章，作者指出了当前犯罪预防工作的短板及未来改进的方向。这些内容使我们清醒地意识到，在开展犯罪预防工作时，必须采取辩证思维，即需根据不同国家或地区的社会政治、经济和文化背景，量身定制具有针对性的预防策略。

　　本书的问世得益于一群志士仁人，他们致力于为我国的犯罪预防事业贡献力量。在此，我首先要向我的恩师裴广川教授表达最诚挚的感谢。正是在他的悉心指导和精心培育下，我得以汲取灵感，确立了人生的方向与成长的道路。本书也融入了裴教授的辛勤付出，他在专业领域的严谨校对和不懈教导，使本书的内容得以精进，独树一帜。对我个人而言，能有机会与他携手工作，不仅是一次宝贵的学术经历，更是在德行修养上难得的熏陶。同时，我也要感谢北京广川律师事务所的裴愚律师和赖容仟律师，他们细致审阅了本书译稿，并提出了宝贵而诚恳的建议。

中国政法大学出版社的尹树东社长和刘晶晶老师对本书的出版亦贡献良多。作为一名年轻学者，能得到您的认可与关怀，实为我的幸运。自本书出版工作启动之初，我们在犯罪预防理念上的共鸣，使得我们的合作默契而愉快。每一次的交流与沟通都极具效率与针对性，使得书中潜在的种种问题得以迅速有效地解决。此外，我还要感谢中国政法大学出版社的柴之浩老师，您在编辑和校对工作中给予了强大支持，每次与您的交流都让我收获颇丰。期待我们未来的合作能继续为推动我国犯罪预防事业的发展贡献力量。

我亦要向我的家人表达深深的感激之情。在本书的撰写过程中，我身处英国，突如其来的新冠疫情在伦敦的蔓延。在那段艰难的日子里，他们无私的关怀与深深的牵挂，给予了我无尽的温暖与力量。作为一名海外学子，我深切感受到这些关怀背后所蕴含的担忧与深爱。我所能做的，就是将因工作而牺牲的陪伴时间，转化为对作品的精益求精，以不负他们对我的期望。你们从未给予我压力，只有无尽的关爱，而这正是激励我不断前进的最大动力。

综上所述，我诚挚地希望本书能够为广大的读者、学者以及专业人士带来宝贵的知识与启示。作为西方犯罪预防领域的经典之作，本书在英国留学期间给予我极大的启发，因此我决定将其介绍给中国的读者。我期望这本书能为学子们提供灵感，激发他们投身于我国的犯罪预防事业；同时，我也期盼有更多的学者加入这一领域的研究。作为一名年轻的学术工作者，我深知书中或许存在不足之处，在此，我恳请各位读者朋友慷慨指正，以便我们共同促进犯罪预防学科的发展与进步。

徐轶超

2022 年 3 月于伦敦

声　明　1. 版权所有，侵权必究。

　　　　2. 如有缺页、倒装问题，由出版社负责退换。

图书在版编目（CIP）数据

犯罪预防 /（英）尼克·蒂利（Nick Tilley）著；徐轶超译. -- 北京：中国政法大学出版社，2024. 7.
ISBN 978-7-5764-1650-3

Ⅰ．D917.6

中国国家版本馆CIP数据核字第2024M3Z021号

出 版 者	中国政法大学出版社	
地　　址	北京市海淀区西土城路25号	
邮　　箱	fadapress@163.com	
网　　址	http://www.cuplpress.com （网络实名：中国政法大学出版社）	
电　　话	010-58908524(第六编辑部) 58908334(邮购部)	
承　　印	固安华明印业有限公司	
开　　本	880mm×1230mm　1/32	
印　　张	8.625	
字　　数	210千字	
版　　次	2024年7月第1版	
印　　次	2024年7月第1次印刷	
印　　数	1~1500册	
定　　价	59.00元	